MÉMOIRES

D'UN MÉDECIN.

Corbeil, imp. de CRÉTÉ.

MÉMOIRES
D'UN MÉDECIN

PAR ALEXANDRE DUMAS.

Première Partie.

JOSEPH BALSAMO.

5

PARIS,
ALEXANDRE CADOT, ÉDITEUR,
32, rue de la Harpe.

1847

I

Le roi s'amuse.

Le roi, charmé de son coup d'autorité qui punissait la comtesse de l'avoir fait attendre, en même temps qu'il le délivrait des ennuis de la présentation, marcha vers la porte du salon.

Chon rentrait.

— Eh bien! voyez-vous mon service?

— Non, Sire, il n'y a personne à Votre Majesté dans les antichambres.

Le roi s'avança jusqu'à la porte à son tour.

— Mon service! cria-t-il.

Personne ne répondit: on eût dit que le château muet n'avait pas même d'écho.

— Qui diable croirait, dit le roi en rentrant dans la chambre, que je suis le petit-fils de celui qui a dit: J'ai failli attendre!

Et il alla vers la fenêtre qu'il ouvrit.

Mais l'esplanade était vide comme les

antichambres : ni chevaux, ni piqueurs, ni gardes. La nuit seulement s'offrait aux yeux et à l'âme dans tout son calme et dans toute sa majesté, éclairée par une admirable lune qui montrait tremblante comme des vagues agitées la cime des arbres des bois de Chatou, et arrachait des millions de paillettes lumineuses à la Seine, serpent gigantesque et paresseux dont on pouvait suivre les replis depuis Bougival jusqu'à Maisons, c'est-à-dire pendant quatre ou cinq lieues de tours et de détours.

Puis, au milieu de tout cela, un rossignol improvisait un de ces chants merveilleux comme on n'en entend que pendant le mois de mai, comme si ses notes joyeuses ne pouvaient trouver une nature digne d'elles que pendant ces premières journées de printemps que l'on sent fuir à peine venues.

Toute cette harmonie fut perdue pour Louis XV, roi peu rêveur, peu poëte, peu artiste, mais très-matériel.

— Voyons, comtesse, dit-il avec dépit, commandez, je vous en supplie. Que diable, il faut que cette plaisanterie ait une fin.

— Sire, répondit la comtesse, avec cette charmante bouderie qui lui réussissait presque toujours, ce n'est pas moi qui commande ici.

— En tout cas, ce n'est pas moi non plus, dit Louis XV, car voyez un peu comme on m'obéit.

— Ce n'est pas plus vous que moi, Sire.

— Qui donc alors ? Est-ce vous, Chon ?

— Moi, lui dit la jeune femme, assise de l'autre côté de la chambre sur un fauteuil où elle faisait pendant avec la comtesse, j'ai bien de la peine à obéir, ce n'est pas pour prendre celle de commander.

— Mais qui donc est le maître alors ?

— Dam, sire, M. le gouverneur.

— M. Zamore?

— Oui.

— C'est juste, qu'on sonne quelqu'un.

La comtesse, avec un geste d'adorable nonchalance, étendit le bras vers un cordon de soie terminé par un gland de perles, et sonna.

Un valet de pied à qui la leçon était, selon toute probabilité, faite d'avance, se trouvait dans l'antichambre, et parut.

— Le gouverneur, dit le roi.

— Le gouverneur, répondit respectueusement le valet, veille sur les jours précieux de Votre Majesté.

— Où est-il?

— En ronde.

— En ronde? répéta le roi.

— Avec quatre officiers, répondit le valet.

— Juste comme M. de Marlborough, s'écria la comtesse.

Le roi ne put réprimer un sourire.

— Oui, c'est drôle, dit-il; mais cela n'empêche pas qu'on n'attelle.

— Sire, M. le gouverneur a fait fermer les écuries, de peur qu'elles ne donnassent refuge à quelque malfaiteur.

— Mes piqueurs, où sont-ils?

— Aux communs, Sire.

— Que font-ils?

— Ils dorment.

— Comment! ils dorment?

— Par ordre.

— Par ordre de qui?

— Par ordre du gouverneur.

— Mais les portes? dit le roi.

— Quelles portes, Sire ?

— Les portes du château.

— Elles sont fermées.

— Très-bien. Mais on peut s'en procurer les clefs.

— Sire, les clefs sont à la ceinture du gouverneur.

— Voilà un château bien tenu, dit le roi. Peste! quel ordre!

Le valet de pied sortit, voyant que le roi ne lui adressait pas de nouvelles questions.

La comtesse, étendue sur un fauteuil,

mordillait une belle rose près de laquelle ses lèvres semblaient de corail.

— Voyons, Sire, lui dit-elle avec ce sourire languissant qui n'appartenait qu'à elle, j'ai pitié de Votre Majesté, prenez mon bras, et mettons-nous en quête. Chon, éclaire le chemin.

Chon sortit la première, faisant l'avant-garde, et prête à signaler les périls s'il s'en présentait.

Au détour du premier corridor, un parfum qui eût éveillé l'appétit du gourmet le plus délicat, commença de chatouiller les narines du roi.

— Ah! ah! dit-il en s'arrêtant, qu'est-ce donc que cette odeur, comtesse?

— Dam! Sire, c'est celle du souper. Je croyais que le roi me faisait l'honneur de souper à Luciennes, et je m'étais arrangée en conséquence.

Louis XV respira deux ou trois fois le parfum gastronomique, tout en réfléchissant, à part lui, que son estomac lui donnait déjà, depuis quelque temps, signe d'existence; qu'il lui faudrait, en faisant grand bruit, une demi-heure pour réveiller les piqueurs, un quart d'heure pour atteler les chevaux, dix minutes pour aller à Marly; qu'à Marly, où il n'était pas attendu, il ne trouverait qu'un *en-cas;* il respira encore le fumet séducteur, et conduisant la comtesse, il s'arrêta devant la porte de la salle à manger.

Deux couverts étaient mis sur une table splendidement éclairée et somptueusement servie.

— Peste! dit Louis XV, vous avez un bon cuisinier, comtesse.

— Sire, c'était justement son coup d'essai aujourd'hui, et le pauvre diable avait fait merveilles pour mériter l'approbation de Votre Majesté. Il est capable de se couper la gorge, comme ce pauvre Vatel.

— Vraiment! vous croyez? dit Louis XV.

— Il y avait surtout uné omelette aux œufs de faisans, Sire, sur laquelle il comptait...

— Une omelette aux œufs de faisans! Justement je les adore, les omelettes aux œufs de faisans.

— Voyez quel malheur.

— Eh bien! comtesse, ne faisons pas de chagrin à votre cuisinier, dit le roi en riant, et peut-être, tandis que nous souperons, maître Zamore rentrera-t-il de sa route.

—Ah! Sire, c'est une triomphante idée,

dit la comtesse ne pouvant cacher sa satisfaction d'avoir gagné cette première manche. Venez, Sire, venez.

— Mais qui nous servira? dit le roi, cherchant inutilement un seul laquais.

— Ah! Sire, dit madame Dubarry, votre café vous semble-t-il plus mauvais quand c'est moi qui vous le présente?

— Non, comtesse, et je dirai même quand c'est vous qui le faites.

— Eh bien! venez donc, Sire.

— Deux couverts seulement! dit le roi. Et Chon, elle a donc soupé?

— Sire, on n'aurait pas osé sans un ordre exprès de Votre Majesté....

— Allons donc, dit le roi, en prenant lui-même une assiette et un couvert sur une étagère. Viens, petite Chon, là, en face de nous.

— Oh ! Sire... dit Chon.

— Oh ! oui, fais la très-humble et très-obéissante sujette, hypocrite ! Mettez-vous là, comtesse, près de moi, de côté. Quel charmant profil vous avez !

— C'est d'aujourd'hui que vous remarquez cela, monsieur la France ?

— Que voulez-vous ? j'ai pris l'habitude

de vous regarder en face, comtesse. Décidément, votre cuisinier est un grand cordon, quelle bisque!

— J'ai donc eu raison de renvoyer l'autre?

— Parfaitement raison.

— Alors, Sire, suivez mon exemple, vous voyez qu'il n'y a qu'à y gagner.

— Je ne vous comprends pas.

— J'ai renvoyé mon Choiseul, renvoyez le vôtre.

— Pas de politique, comtesse; donnez-moi de ce Madère.

Le roi tendit son verre ; la comtesse prit une carafe à goulot étroit, et servit le roi.

La pression fit blanchir les doigts et rougir les ongles du gracieux échanson.

—Versez longtemps et doucement, comtesse, dit le roi.

— Pour ne pas troubler la liqueur, sire?

— Non, pour me donner le temps de voir votre main.

— Ah ! décidément, sire, dit la comtesse en riant, Votre Majesté est en train de faire des découvertes.

— Ma foi! oui, dit le roi, qui reprenait peu à peu sa belle humeur; et je crois que je suis tout près de découvrir....

— Un monde? demanda la comtesse.

— Non! non, dit le roi; un monde, c'est trop ambitieux, et j'ai déjà bien assez d'un royaume. Mais une île, un petit coin de terre, une montagne enchantée, un palais dont une belle dame de mes amies sera l'Armide, et dont toutes sortes de monstres défendront l'entrée quand il me plaira d'oublier.

— Sire, dit la comtesse en présentant une carafe de vin de Champagne glacé (invention tout à fait nouvelle à cette époque) au roi, voici justement une eau puisée au fleuve Léthé.

— Au fleuve Léthé, comtesse ; en êtes-vous sûre ?

— Oui, Sire ; c'est le pauvre Jean qui l'a rapportée des enfers, où il vient de descendre aux trois quarts.

— Comtesse, dit le roi en levant son verre, à son heureuse résurrection ; mais pas de politique, je vous prie.

— Alors, je ne sais plus de quoi parler, Sire ; et si Votre Majesté voulait raconter une histoire, elle qui raconte si bien...

— Non ; mais je vais vous dire des vers.

— Des vers ! s'écria madame Dubarry.

— Oui, des vers... Qu'y a-t-il d'étonnant à cela ?

— Votre Majesté les déteste ?

— Parbleu ! sur cent mille qui se fabriquent, il y en a quatre-vingt-dix mille contre moi.

— Et ceux que Votre Majesté va me dire appartiennent aux dix mille qui ne peuvent lui faire trouver grâce pour les quatre-vingt-dix mille autres ?

— Non, comtesse, ceux que je vais vous dire vous sont adressés.

— A moi ?

— A vous.

— Et par qui ?

— Par M. de Voltaire.

— Et il charge Votre Majesté...

— Pas du tout, il les adressait directement à Votre Altesse.

— Comment cela? sans lettre?

— Au contraire, dans une lettre toute charmante.

— Ah! je comprends : Votre Majesté a travaillé ce matin avec son directeur des postes.

— Justement.

— Lisez, Sire, lisez les vers de M. de Voltaire. Louis XV déplia un petit papier et lut :

> Déesse des plaisirs, tendre mère des Graces,
> Pourquoi veux-tu mêler aux fêtes de Paphos
> Les noirs soupçons, les honteuses disgraces?
> Pourquoi médites-tu la perte d'un héros?
>   Ulysse est cher à la patrie,
>   Il est l'appui d'Agamemnon.
> Sa politique active et son vaste génie
> Enchaînent la valeur de la fière Ilion.
>   Soumets les dieux à ton empire,
> Vénus, sur tous les cœurs, règne par la beauté;
>   Cueille, dans un riant délire,
>   Les roses de la volupté,
>   Mais à nos vœux daigne sourire,
>   Et rends le calme à Neptune agité.

> Ulysse, ce mortel aux Troyens formidable,
>   Que tu poursuis dans ton courroux,
>   Pour la beauté n'est redoutable
>   Qu'en soupirant à ses genoux.

— Décidément, Sire, dit la comtesse, plutôt piquée que reconnaissante du poétique envoi, décidément, M. de Voltaire veut se raccommoder avec vous.

— Oh! quant à cela, c'est peine perdue, dit Louis XV; c'est un brouillon qui mettrait tout à sac s'il rentrait à Paris. Qu'il aille chez son ami, mon cousin Frédéric II. C'est déjà bien assez que nous ayons M. Rousseau. Mais prenez donc ces vers, comtesse, et méditez-les.

La comtesse prit le papier, le roula en

forme d'allumette, et le déposa près de son assiette.

Le roi la regardait faire.

— Sire, dit Chon, un peu de ce Tokay.

— Il vient des caves mêmes de Sa Majesté l'Empereur d'Autriche, dit la comtesse; prenez de confiance, Sire.

— Oh! des caves de l'empereur, dit le roi; il n'y a que moi qui en aie.

— Aussi me vient-il de votre sommelier, Sire.

— Comment! vous avez séduit?

— Non, j'ai ordonné.

— Bien répondu, comtesse. Le roi est un sot.

— Oh! oui, mais monsieur la France...

— M. la France a au moins le bon esprit de vous aimer de tout son cœur, lui.

— Ah! Sire, pourquoi n'êtes-vous pas véritablement M. la France tout court?

— Comtesse, pas de politique.

— Le roi prendra-t-il du café? dit Chon.

— Certainement.

— Et Sa Majesté le brûlera comme d'habitude? demanda la comtesse.

— Si la dame châtelaine ne s'y oppose pas.

La comtesse se leva.

— Que faites-vous?

— Je vais vous servir, Monseigneur.

— Allons, dit le roi en s'allongeant sur sa chaise comme un homme qui a parfaitement soupé et dont un bon repas a mis les humeurs en équilibre, allons, je vois que ce que j'ai de mieux à faire est de vous laisser faire, comtesse.

La comtesse apporta sur un réchaud d'argent une petite cafetière contenant le moka brûlant; puis elle posa devant le roi une assiette supportant une tasse de vermeil et un petit carafon de Bohême; puis près de l'assiette elle posa une petite allumette de papier.

Le roi, avec l'attention profonde qu'il donnait d'habitude à cette opération, calcula son sucre, mesura son café, et versant doucement son eau-de-vie pour que l'alcool surnageât, il prit le petit rouleau de papier qu'il alluma à la bougie, et avec lequel il communiqua la flamme à la liqueur brûlante.

Puis il le jeta dans le réchaud où il acheva de se consumer.

Cinq minutes après, il savourait son

café avec toute la volupté d'un gastronome achevé.

La comtesse le laissa faire, mais à la dernière goutte :

— Ah! Sire, s'écria-t-elle, vous avez allumé votre café avec les vers de M. de Voltaire, cela portera malheur aux Choiseul.

— Je me trompais, dit le roi en riant, vous n'êtes pas une fée, vous êtes un démon.

La comtesse se leva.

— Sire, dit-elle, Votre Majesté veut-elle voir si le gouverneur est rentré ?

— Ah ! Zamore ? Bah ! pourquoi faire ?

— Mais pour vous en aller à Marly, Sire.

— C'est vrai, dit le roi en faisant un effort pour s'arracher au bien-être qu'il éprouvait. Allons voir, comtesse, allons voir.

Madame Dubarry fit un signe à Chon, qui s'éclipsa.

Le roi reprit son investigation, mais, il faut le dire, avec un esprit bien différent de celui qui avait présidé au commencement de la recherche. Les philosophes ont dit que la façon sombre ou couleur de rose dont l'homme envisage les choses dépend presque toujours de l'état de leur estomac.

Or, comme les rois ont des estomacs d'hommes, moins bons généralement que ceux de leurs sujets, c'est vrai, mais communiquant leur bien-être ou leur mal-être au reste du corps exactement comme les autres, le roi paraissait d'aussi charmante humeur qu'il est possible à un roi de l'être.

Au bout de dix pas faits dans le corridor, un nouveau parfum vint par bouffées au-devant du roi.

Une porte donnant sur une charmante

chambre tendue de satin bleu broché de fleurs naturelles venait de s'ouvrir, et découvrait, éclairée par une mystérieuse lumière, l'alcove vers laquelle, depuis deux heures, avaient tendu les pas de l'enchanteresse.

— Eh bien, Sire, dit-elle, il paraît que Zamore n'a point reparu, que nous sommes toujours enfermés, et qu'à moins que nous ne nous sauvions du château par les fenêtres...

— Avec les draps du lit? demanda le roi.

— Sire, dit la comtesse avec un admirable sourire, usons, n'abusons pas.

Le roi ouvrit les bras en riant, et la comtesse laissa tomber la belle rose qui s'effeuilla en roulant sur le tapis.

II

Voltaire et Rousseau.

Comme nous l'avons dit, la chambre à coucher de Luciennes était une merveille de construction et d'aménagement.

Située à l'orient, elle était fermée si hermétiquement par les volets dorés et les rideaux de satin que le jour n'y pénétrait jamais avant d'avoir, comme un courtisan, obtenu ses petites et grandes entrées.

L'été, des ventilateurs invisibles y secouaient un air tamisé, pareil à celui qu'aurait pu produire un millier d'éventails.

Il était dix heures lorsque le roi sortit de la chambre bleue.

Cette fois, les équipages du roi attendaient depuis neuf heures dans la grande cour.

Zamore, les bras croisés, donnait ou faisait semblant de donner des ordres.

Le roi mit le nez à la fenêtre et vit tous ces apprêts de départ.

— Qu'est-ce à dire, comtesse? demanda-t-il ; ne déjeunons-nous pas ? On dirait que vous m'allez renvoyer à jeun.

— A Dieu ne plaise, Sire ! répondit la comtesse ; mais j'ai cru que Votre Majesté avait rendez-vous à Marly avec M. de Sartines.

— Pardieu, fit le roi, il me semble qu'on pourrait bien faire dire à Sartines de me venir trouver ici, c'est si près.

— Votre Majesté me fera l'honneur de croire, dit la comtesse en souriant, que ce n'est pas à elle que la première idée en est venue.

— Et puis, d'ailleurs, la matinée est trop belle pour qu'on travaille : déjeunons.

— Sire, il faudra pourtant bien me donner quelques signatures, à moi.

— Pour madame de Béarn ?

— Justement, et puis m'indiquer le jour.

— Quel jour ?

— Et l'heure.

— Quelle heure ?

— Le jour et l'heure de ma présentation.

— Ma foi, dit le roi, vous l'avez bien

gagnée votre présentation, comtesse. Fixez le jour vous-même.

— Sire, le plus proche possible.

— Tout est donc prêt?

— Oui.

— Vous avez appris à faire vos trois révérences?

— Je le crois bien ; il y a un an que je m'y exerce.

— Vous avez votre robe ?

— Vingt-quatre heures suffisent pour la faire.

— Vous avez votre marraine?

— Dans une heure elle sera ici.

— Eh bien! comtesse, voyons, un traité.

— Lequel?

— Vous ne me parlerez plus de cette affaire du vicomte Jean avec le baron de Taverney?

— Nous sacrifions donc le pauvre vicomte?

— Ma foi, oui!

— Eh bien! Sire, nous n'en parlerons plus... Le jour?

— Après-demain.

— L'heure ?

— Dix heures du soir comme de coutume.

— C'est dit, Sire ?

— C'est dit.

— Parole royale ?

— Foi de gentilhomme.

— Touche là, la France.

Et madame Dubarry tendit au roi sa jolie petite main dans laquelle Louis XV laissa tomber la sienne.

Ce matin-là, tout Luciennes se ressentit

de la gaieté du maître ; il avait cédé sur un point sur lequel depuis longtemps il était décidé à céder, mais il avait gagné sur un autre. C'était donc tout bénéfice : il donnerait cent mille livres à Jean, à condition qu'il irait les perdre aux eaux des Pyrénées ou d'Auvergne, et cela passerait pour un exil aux yeux des Choiseul. Il y eut des louis d'or pour les pauvres, des gâteaux pour les carpes et des compliments pour les peintures de Boucher.

Quoiqu'elle eût parfaitement soupé la veille, Sa Majesté déjeuna de grand appétit.

Cependant, onze heures venaient de

sonner. La comtesse, tout en servant le roi, lorgnait la pendule, trop lente à son gré.

Le roi lui-même avait pris la peine de dire que si madame de Béarn arrivait, on pouvait l'introduire dans la salle à manger.

Le café fut servi, goûté, bu, sans que madame de Béarn arrivât.

A onze heures un quart, on entendit retentir dans la cour le galop d'un cheval.

Madame Dubarry se leva rapidement et regarda par la fenêtre.

Un courrier de Jean Dubarry sautait à bas d'un cheval ruisselant de sueur.

La comtesse frissonna ; mais comme elle ne devait laisser rien voir de ses inquiétudes, afin de maintenir le roi dans ses bonnes dispositions, elle revint s'asseoir près de lui.

Un instant après, Chon entra, un billet dans sa main.

Il n'y avait pas à reculer, il fallait lire.

— Qu'est-ce là, grande Chon? un billet doux? dit le roi.

— Oh! mon Dieu, oui Sire.

— Et de qui?

— Du pauvre vicomte.

— Bien sûr ?

— Voyez plutôt.

Le roi reconnut l'écriture, et comme il pensa qu'il pouvait être question dans le billet de l'aventure de La Chaussée :

— Bon, bon, dit-il en l'écartant de la main, cela suffit.

La comtesse était sur des épines.

— Le billet est pour moi ? demanda-t-elle.

— Oui, comtesse.

— Le roi permet ?...

—Faites, pardieu. Chon me dira Maître Corbeau pendant ce temps-là.

Et il attira Chon entre ses jambes en chantant de la voix la plus fausse de son royaume, comme disait Jean-Jacques :

>J'ai perdu mon serviteur,
>J'ai perdu tout mon bonheur.

La comtesse se retira dans l'embrasure d'une fenêtre et lut :

« N'attendez pas la vieille scélérate, elle prétend s'être brûlé le pied hier soir, et elle garde la chambre. Remerciez Chon de sa bonne arrivée d'hier, car c'est elle qui nous vaut cela ; la sorcière l'a reconnue, et voilà notre comédie tournée.

«C'est bien heureux que ce petit gueux de Gilbert, qui est la cause de tout cela, soit perdu. Je lui tordrais le cou. Mais si je le retrouve, qu'il soit tranquille, cela ne peut pas lui manquer.

« Je me résume. Venez vite à Paris, ou nous redevenons tout comme devant,

« JEAN. »

— Qu'est-ce? fit le roi, qui surprit la pâleur subite de la comtesse.

— Rien, Sire ; un bulletin de la santé de mon beau-frère.

— Et il va de mieux en mieux, ce cher vicomte?

— De mieux en mieux, dit la comtesse. Merci, Sire. Mais voici une voiture qui entre dans la cour.

— Notre comtesse, sans doute?

— Non, Sire, c'est M. de Sartines.

— Eh bien! fit le roi, voyant que madame Dubarry gagnait la porte.

— Eh bien, Sire, répondit la comtesse, je vous laisse avec lui, et je passe à ma toilette.

— Et madame de Béarn?

— Quand elle arrivera, Sire, j'aurai l'honneur de faire prévenir Votre Majesté, dit la comtesse en froissant le billet dans le fond de la poche de son peignoir.

— Vous m'abandonnez donc, comtesse? dit le roi avec un soupir mélancolique.

— Sire, c'est aujourd'hui dimanche; les signatures, les signatures!...

Et elle vint tendre au roi ses joues fraîches, sur chacune desquelles il appliqua un gros baiser, après quoi elle sortit de l'appartement.

— Au diable les signatures, dit le roi, et ceux qui viennent les chercher ! Qui donc a inventé les ministres, les portefeuilles et le papier Tellière !

Le roi avait à peine achevé cette malédiction, que le ministre et le portefeuille entraient par la porte opposée à celle qui avait donné sortie à la comtesse.

Le roi poussa un second soupir plus mélancolique encore que le premier.

— Ah! vous voilà, Sartines, dit-il, comme vous êtes exact!

La chose était dite avec un tel accent qu'il était impossible de savoir si c'était un éloge ou un reproche.

M. de Sartines ouvrit le portefeuille et s'apprêta à en tirer le travail.

On entendit alors crier les roues d'une voiture sur le sable de l'avenue.

— Attendez, Sartines, dit le roi.

Et il courut à la croisée.

— Quoi, dit-il, c'est la comtesse qui sort?

— Elle-même, Sire, dit le ministre.

— Mais elle n'attend donc pas madame la comtesse de Béarn?

— Sire, je suis tenté de croire qu'elle s'est lassée de l'attendre et qu'elle va la chercher.

— Cependant, puisque la dame devait venir ce matin?

— Sire, je suis à peu près certain qu'elle ne viendra pas.

—Comment ! vous savez cela, Sartines ?

— Sire, il faut bien que je sache un peu tout, afin que Votre Majesté soit contente de moi.

—Qu'est-il donc arrivé ? dites-moi cela, Sartines.

— A la vieille comtesse, Sire ?

— Oui.

— Ce qui arrive en toutes choses, Sire ; des difficultés.

— Mais enfin viendra-t-elle, cette comtesse de Béarn ?

— Hum ! hum ! Sire, c'était plus sûr hier soir que ce matin.

— Pauvre comtesse ! dit le roi ne pouvant s'empêcher de laisser briller dans ses yeux un rayon de joie.

— Ah ! Sire, la quadruple alliance et le pacte de famille étaient bien peu de chose auprès de l'affaire de la présentation.

— Pauvre comtesse ! répéta le roi en secouant la tête, elle n'arrivera jamais à ses fins.

— Je le crains, Sire, à moins que Votre Majesté ne se fâche.

— Elle croyait être si sûre de son fait.

— Ce qu'il y a de pis pour elle, dit M. de Sartines, c'est que si elle n'est pas présentée avant l'arrivée de Madame la Dauphine, il est probable qu'elle ne le sera jamais.

— Plus que probable, Sartines, vous avez raison. On la dit fort sévère, fort dévote, fort prude, ma bru. Pauvre comtesse!

— Certainement, reprit M. de Sartines, ce sera un chagrin très-grand pour madame Dubarry de n'être point présentée, mais aussi cela épargnera bien des soucis à Votre Majesté.

— Vous croyez, Sartines ?

— Mais sans doute, il y aura de moins les envieux, les médisants, les chansonniers, les flatteurs, les gazettes. Si madame Dubarry était présentée, Sire, cela nous coûterait cent mille francs de police extraordinaire.

— En vérité ! Pauvre comtesse ! Elle le désire cependant bien.

— Alors, que Votre Majesté ordonne, et les désirs de la comtesse s'accompliront.

— Que dites-vous là, Sartines ? s'écria

le roi. En bonne foi, est-ce que je puis me mêler de tout cela? Est-ce que je puis signer l'ordre d'être gracieux envers madame Dubarry? Est-ce vous, Sartines, vous, un homme d'esprit, qui me conseilleriez de faire un coup d'État pour satisfaire le caprice de la comtesse?

— Oh! non pas, Sire. Je me contenterai de dire, comme Votre Majesté : Pauvre comtesse!

— D'ailleurs, dit le roi, sa position n'est pas si désespérée. Vous voyez tout de la couleur de votre habit, vous, Sartines. Qui nous dit que madame de Béarn ne se ravisera point? qui nous assure que Madame la Dauphine arrivera sitôt! Nous avons quatre jours encore avant qu'elle touche Compiègne; en quatre jours on fait bien des choses. Voyons, travaillerons-nous ce matin, Sartines?

— Oh! Votre Majesté, trois signatures seulement.

Et le lieutenant de police tira un premier papier du portefeuille.

— Oh! oh! fit le roi, une lettre de cachet.

— Oui, Sire.

— Et contre qui?

— Votre Majesté peut voir.

— Contre le sieur Rousseau? Qu'est-ce que ce Rousseau-là, Sartines, et qu'a-t-il fait?

— Dam! le *Contrat social*, Sire.

— Ah! ah! c'est contre Jean-Jacques? Vous voulez donc l'embastiller?

— Sire, il fait scandale.

— Que diable voulez-vous qu'il fasse?

— D'ailleurs, je ne propose pas de l'embastiller.

— A quoi bon la lettre, alors?

— Sire, pour avoir l'arme toute prête.

— Ce n'est pas que j'y tienne, au moins, à tous vos philosophes, dit le roi.

— Et Votre Majesté a bien raison de n'y pas tenir, fit Sartines.

— Mais on crierait, voyez-vous; d'ailleurs, je croyais qu'on avait autorisé sa présence à Paris.

— Tolérée, Sire, mais à la condition qu'il ne se montrerait pas.

— Et il se montre?

— Il ne fait que cela.

— Dans son costume arménien?

— Oh! non, Sire, nous lui avons fait signifier de le quitter.

— Et il a obéi?

— Oui; mais en criant à la persécution.

— Et comment s'habille-t-il maintenant?

— Mais comme tout le monde, Sire.

— Alors le scandale n'est pas grand.

— Comment, Sire, un homme à qui l'on défend de se montrer, devinez où il va tous les jours.

— Chez le maréchal de Luxembourg,

chez M. d'Alembert, chez madame d'E-
pinay.

— Au café de la Régence, Sire ! il y joue aux échecs chaque soir, par entêtement, car il perd toujours; et chaque soir j'ai besoin d'une brigade pour surveiller le rassemblement qui se fait autour de la maison.

— Allons, dit le roi, les Parisiens sont encore plus bêtes que je ne le croyais. Laissez-les s'amuser à cela, Sartines, pendant ce temps-là ils ne crieront pas misère.

— Oui, Sire ; mais s'il allait un beau jour s'aviser de faire des discours comme il en faisait à Londres.

— Oh! alors, comme il y aurait délit et délit public, vous n'auriez pas besoin d'une lettre de cachet, Sartines.

Le lieutenant de police vit que l'arrestation de Rousseau était une mesure dont le roi désirait délivrer la responsabilité royale, il n'insista donc point davantage.

— Maintenant, Sire, dit M. de Sartines, il s'agit d'un autre philosophe.

— Encore? répondit le roi avec lassitude; mais nous n'en finirons donc pas avec eux?

— Hélas! Sire, ce sont eux qui n'en finissent pas avec nous.

—Et duquel s'agit-il?

—De M. de Voltaire.

—Est-il rentré en France aussi, celui-là?

—Non, Sire, et mieux vaudrait-il peut-être qu'il y fût; nous le surveillerions au moins.

— Qu'a-t-il fait?

—Ce n'est pas lui qui fait, ce sont ses partisans : il ne s'agit de rien moins que de lui élever une statue.

—Equestre.

—Non, Sire, et cependant c'est un fameux preneur de villes, je vous en réponds.

Louis XV haussa les épaules.

— Sire, je n'en ai pas vu de pareil depuis Poliorcète, continua M. de Sartines. Il a des intelligences partout, il entre partout; les premiers de votre royaume se font contrebandiers pour introduire ses livres. J'en ai saisi l'autre jour huit caisses pleines; deux étaient à l'adresse de M. de Choiseul.

— Il est très-amusant.

— Sire, en attendant, remarquez que

l'on fait pour lui ce que l'on fait pour les rois, on lui vote une statue.

— On ne vote pas de statues aux rois, Sartines, ils se les votent. Et qui est chargé de cette belle œuvre?

— Le sculpteur Pigale. Il est parti pour Ferney afin d'exécuter le modèle. En attendant, les souscriptions pleuvent. Il y a déjà six mille écus, et remarquez, Sire, que les gens de lettres seuls ont le droit de souscrire. Tous arrivent avec leur offrande. C'est une procession. M. Rousseau lui-même a apporté ses deux louis.

— Eh bien! que voulez-vous que j'y

fasse? dit Louis XV. Je ne suis pas homme de lettres, cela ne me regarde point.

— Sire, je comptais avoir l'honneur de proposer à Votre Majesté de couper court à cette démonstration.

— Gardez-vous-en bien, Sartines. Au lieu de lui voter une statue de bronze, ils la lui voteraient d'or. Laissez-les faire. Eh! mon Dieu, il sera encore plus laid en bronze qu'en chair et en os.

— Alors Votre Majesté désire que la chose ait son cours?

— Désire; entendons-nous, Sartines,

désire n'est point le mot. Je voudrais pouvoir arrêter tout cela certainement; mais que voulez-vous, c'est chose impossible. Le temps est passé où la royauté pouvait dire à l'esprit philosophique, comme Dieu à l'Océan : Tu n'iras pas plus loin. Crier sans résultat, frapper sans atteindre, serait montrer notre impuissance. Détournons les yeux, Sartines, et faisons semblant de ne pas voir.

M. de Sartines poussa un soupir.

— Sire, dit-il, si nous ne punissons pas les hommes, détruisons les œuvres, au moins. Voici une liste d'ouvrages auxquels il est urgent de faire leur procès ; car les uns attaquent le trône, les autres attaquent l'autel ; les uns sont une rébellion, les autres un sacrilége.

Louis XV prit la liste, et d'une voix languissante :

La Contagion sacrée, ou Histoire naturelle de la superstition ; Système de la nature, ou Lois du monde physique et moral ; Dieu et les hommes, discours sur les miracles de Jésus-Christ, Instructions du Capucin de Raguse à frère Peduicloso, partant pour la Terre-Sainte.

Le roi n'était pas au quart de la liste, et cependant il laissa tomber le papier ; ses traits, ordinairement calmes, prirent une singulière expression de tristesse et de découragement.

Il demeura rêveur, absorbé, comme anéanti, pendant quelques instants.

— Ce serait un monde à soulever, Sartines, murmura-t-il ; que d'autres y essaient.

Sartines le regardait avec cette intelligence que Louis XV aimait tant à voir chez ses ministres, parce qu'elle lui épargnait un travail de pensée ou d'action.

— La tranquillité, n'est-ce pas, Sire, la

tranquillité, dit-il à son tour, voilà ce que le roi veut ?

Le roi secoua la tête de haut en bas.

— Eh ! mon Dieu ! oui, je ne leur demande pas autre chose à vos philosophes, à vos encyclopédistes, à vos thaumaturges, à vos illuminés, à vos poètes, à vos économistes, à vos folliculaires qui sortent on ne sait d'où, et qui grouillent, écrivent, croassent, calomnient, calculent, prêchent, crient. Qu'on les couronne, qu'on leur fonde des statues, qu'on leur bâtisse des temples ; mais qu'on me laisse tranquille.

Sartines se leva, salua le roi, et sortit en murmurant :

— Heureusement qu'il y a sur nos monnaies : *Domine, salvum fac regem.*

Alors Louis XV, resté seul, prit une plume et écrivit au Dauphin :

« Vous m'avez demandé d'activer l'arrivée de madame la Dauphine; je veux vous faire ce plaisir.

« Je donne l'ordre de ne pas s'arrêter à Noyon; en conséquence, mardi matin, elle sera à Compiègne.

« Moi-même j'y serai à dix heures précises, c'est à dire un quart d'heure avant elle. »

— De cette façon, dit-il, je serai débarrassé de cette sotte affaire de la présentation qui me tourmente plus que M. de Voltaire, que M. Rousseau, et que tous les philosophes venus et à venir. Ce sera une affaire alors entre la pauvre comtesse, le Dauphin et la Dauphine. Ma foi ! faisons dériver un peu les chagrins, les haines, et les vengeances sur les esprits jeunes qui ont la force de lutter. Que les enfants apprennent à souffrir, cela forme la jeunesse.

Et enchanté d'avoir tourné ainsi la difficulté, certain que nul ne pourrait lui reprocher d'avoir favorisé ou empêché la présentation qui occupait tout Paris, le roi remonta en voiture et partit pour Marly, où la cour l'attendait.

III

Marraine et filleule.

La pauvre comtesse ! Conservons-lui l'épithète que le roi lui avait donnée, car elle la méritait, certes, bien en ce moment; la pauvre comtesse, disons-nous, courait comme une âme en peine sur la route de Paris.

Chon, terrifiée comme elle de l'avant-dernier paragraphe de la lettre de Jean, cachait dans le boudoir de Luciennes, sa douleur et son inquiétude, maudissant la fatale idée qu'elle avait eue de recueillir Gilbert sur le grand chemin.

Arrivée au pont d'Antin jeté sur l'égout qui aboutissait à la rivière et entourait Paris, de la Seine à la Roquette, la comtesse trouva un carrosse qui l'attendait.

Dans ce carrosse, était le vicomte Jean en compagnie d'un procureur, avec lequel il paraissait argumenter d'énergique façon.

Sitôt qu'il aperçut la comtesse, Jean

laissa son procureur, sauta à terre en faisant signe au cocher de sa sœur d'arrêter court·

— Vite, comtesse, dit-il, vite, montez dans mon carrosse et courez rue St-Germain-des-Prés.

— La vieille nous berne donc, dit madame Dubarry, en changeant de voiture, tandis que le procureur, averti par un signe du vicomte, en faisait autant.

— Je le crois, comtesse, dit Jean, je le crois; c'est un prêté pour un rendu, où plutôt un rendu pour un prêté.

— Mais que s'est-il donc passé?

— En deux mots, voici. J'étais resté à Paris, moi, parce que je me défie toujours et que je n'ai pas tort, comme vous voyez. Neuf heures du soir venues, je me suis mis à rôder autour de l'hôtellerie du Coq-Chantant. Rien; pas de démarches, pas de visite, tout allait à merveille. Je crois, en conséquence, que je puis rentrer et dormir. Je rentre et je dors.

Ce matin, au point du jour, je m'éveille, j'éveille Patrice, et je lui ordonne d'aller se mettre en faction au coin de la borne.

A neuf heures, notez bien, une heure plus tôt que l'heure dite, j'arrive avec le carrosse; Patrice n'a rien vu d'inquiétant, je monte l'escalier assez rassuré.

A la porte, une servante m'arrête et m'apprend que madame la comtesse ne pourra sortir de la journée, et peut-être de huit jours.

J'avoue que préparé à une disgrâce quelconque, je ne m'attendais point à celle-là.

— Comment! elle ne sortira pas, m'écriai-je, et qu'a-t-elle donc?

— Elle est malade.

— Malade? impossible! Hier elle se portait à ravir.

— Oui, Monsieur. Mais madame a l'habitude de faire son chocolat, et, ce matin, en le faisant bouillir, elle l'a répandu du fourneau sur son pied, et elle s'est brûlée. Aux cris qu'a poussés madame la comtesse, je suis accourue. Madame la comtesse a failli s'évanouir. Je l'ai portée sur son lit, et, en ce moment, je crois qu'elle dort.

J'étais pâle comme votre dentelle, comtesse. Je m'écriai : C'est un mensonge !

— Non, cher monsieur Dubarry, répondit une voix si aigre qu'elle semblait percer les solives ; non ce n'est pas un mensonge, et je souffre horriblement.

Je m'élançai du côté d'où venait cette

voix, je passai à travers une porte vitrée qui ne voulait pas s'ouvrir ; la vieille comtesse était réellement couchée.

— Ah ! madame... lui dis-je.

Ce fut tout ce que je pus proférer de paroles. J'étais enragé ; je l'eusse étranglée avec joie.

— Tenez, me dit-elle en me montrant un méchant marabout gisant sur le carreau, voilà la cafetière qui a fait tout le mal.

Je sautai sur la cafetière à pieds joints : celle-là ne fera plus de chocolat, je vous en réponds.

— Quel guignon! continua la vieille de sa voix dolente, ce sera madame d'Alogny qui présentera madame votre sœur. Que voulez-vous, c'était écrit! comme disent les Orientaux.

— Ah! mon dieu! s'écria la comtesse, vous me désespérez Jean.

— Je ne désespère pas, moi, si vous vous présentez à elle; voilà pourquoi je vous ai fait appeler.

— Et pourquoi ne désespérez-vous pas?

— Dam! parce que vous pouvez ce que je ne puis pas, parce que vous êtes une femme, et que vous ferez lever l'appareil devant vous, et que l'imposture prouvée, vous pourrez dire à madame de Béarn que jamais son fils ne sera qu'un hobereau, que jamais elle ne touchera un sou de l'héritage des Saluces, parce qu'enfin vous jouerez les imprécations de Camille avec beaucoup plus de vraisemblance que je ne jouerais les fureurs d'Oreste.

— Il plaisante, je crois ! s'écria la comtesse.

— Du bout des dents, croyez-moi.

— Où demeure-t-elle, notre sibylle ?

— Vous le savez bien : *Au coq chantant,*

rue Saint-Germain-des-Prés, une grande maison noire, avec un coq énorme peint sur une plaque de tôle. Quand la tôle grince, le coq chante.

— J'aurai une scène affreuse !

— C'est mon avis. Mais mon avis aussi, est qu'il faut la risquer ; voulez-vous que je vous escorte ?

— Gardez-vous-en bien, vous gâteriez tout.

— Voilà ce que m'a dit notre procureur que j'ai consulté à cet endroit ; c'est pour votre gouverne. Battre une personne chez elle, c'est l'amende et la prison. La battre dehors...

— Ce n'est rien, dit la comtesse à Jean, vous savez cela mieux que personne.

Jean grimaça un mauvais sourire.

— Oh! dit-il, les dettes qui se payent tard amassent des intérêts, et si jamais je retrouve mon homme...

— Ne parlons que de ma femme, vicomte.

— Je n'ai plus rien à vous en dire; allez !

Et Jean se rangea pour laisser passer la voiture.

— Ou m'attendez-vous?

— Dans l'hôtellerie même ; je demanderai une bouteille de vin d'Espagne, et s'il vous faut main forte, j'arriverai.

— Touche, cocher, s'écria la comtesse.

— Rue Saint-Germain-des-Prés, au Coq-Chantant, ajouta le vicomte.

La voiture partit impétueusement dans les Champs-Élysées.

Un quart d'heure après, elle s'arrêtait

près de la rue Abbatiale et du marché Sainte-Marguerite.

Là, madame Dubarry mit pied à terre, car elle craignit que le roulement d'une voiture n'avertit la vieille rusée, aux aguets sans doute, et que, se jetant derrière quelque rideau, elle n'aperçut la visiteuse assez à temps pour l'éviter.

En conséquence, seule avec son laquais qui marchait derrière elle, la comtesse gagna rapidement la petite rue Abbatiale, qui ne renfermait que trois maisons, dont l'hôtellerie sise au milieu.

Elle s'engouffra plutôt qu'elle n'entra dans le porche béant de l'auberge.

Nul ne la vit entrer, mais au pied de l'escalier de bois, elle rencontra l'hôtesse.

— Madame de Béarn ? dit-elle.

— Madame de Béarn est bien malade, et ne peut recevoir.

— Malade; justement, dit la comtesse je viens demander de ses nouvelles.

Et, légère comme un oiseau, elle fut au haut de l'escalier en une seconde.

— Madame, madame, cria l'hôtesse, on force votre porte !

— Qui donc ! demanda la vieille plaideuse du fond de sa chambre.

— Moi, fit la comtesse en se présentant soudain sur le seuil avec une physionomie parfaitement assortie à la circonstance; car elle souriait la politesse et grimaçait la condoléance.

— Madame la comtesse ici, s'écria la plaideuse pâle d'effroi.

— Oui, chère Madame, et qui vient vous témoigner toute la part qu'elle prend à votre malheur, dont j'ai été instruite à l'instant même. Racontez-moi donc l'accident, je vous prie?

— Mais je n'ose, madame, vous offrir de vous asseoir en ce taudis.

— Je sais que vous avez un château en Touraine et j'excuse l'hôtellerie.

La comtesse s'assit. Madame de Béarn comprit qu'elle s'installait.

— Vous paraissez beaucoup souffrir, Madame? demanda madame Dubarry.

— Horriblement.

— A la jambe droite? Oh Dieu! mais comment avez-vous donc fait pour vous brûler à la jambe?

— Rien de plus simple : je tenais la cafetière, le manche a glissé dans ma main, l'eau s'en est échappée bouillante, et mon pied en a reçu la valeur d'un verre.

— C'est épouvantable !

La vieille poussa un soupir.

— Oh ! oui, fit-elle épouvantable. Mais, que voulez-vous ? les malheurs vont par troupes.

— Vous savez que le roi vous attendait ce matin ?

— Vous redoublez mon désespoir, Madame.

— Sa Majesté n'est point contente, Madame, d'avoir manqué à vous voir.

— J'ai mon excuse dans ma souffrance,

et je compte bien présenter mes très-humbles excuses à Sa Majesté.

— Je ne dis point cela pour vous causer le moindre chagrin, dit madame Dubarry, qui voyait combien la vieille était gourmée, je voulais seulement vous faire comprendre combien Sa Majesté tenait à cette démarche et en était reconnaissante.

— Vous voyez ma position, Madame.

— Sans doute ; mais voulez-vous que je vous dise une chose ?

— Dites ; je serai fort honorée de l'entendre.

— C'est que, selon toute probabilité, votre accident vient d'une grande émotion que vous avez ressentie.

— Oh! je ne dis pas non, dit la plaideuse en faisant une révérence du buste seulement ; j'ai été fort émue de l'honneur que vous me fîtes en me recevant si gracieusement chez vous.

— Je crois qu'il a eu encore autre chose.

— Autre chose? ma foi, non, rien que je sache, Madame.

— Oh! si fait! une rencontre...

— Que j'aurais faite!

— Oui, en sortant de chez moi.

— Je n'ai rencontré personne, madame. J'étais dans le carrosse de M. votre frère.

— Avant de monter dans le carrosse.

La plaideuse eut l'air de chercher.

— Pendant que vous descendiez les degrés du perron.

La plaideuse feignit une attention plus grande encore.

— Oui, dit madame Dubarry avec un sourire mêlé d'impatience; quelqu'un entrait dans la cour comme vous sortiez de la maison.

— J'ai du malheur, Madame, je ne me souviens pas.

— Une femme... Ah! vous y êtes maintenant.

— J'ai la vue si basse, qu'à deux pas de moi que vous êtes, Madame, je ne distingue point. Ainsi, jugez.

— Allons, elle est forte, se dit tout bas la comtesse. Ne rusons pas, elle me battrait.

— Eh bien! puisque vous n'avez pas vu cette dame, continua-t-elle tout haut, je veux vous dire qui elle est.

— Cette dame qui est entrée comme je sortais?

— Précisément. C'était ma belle-sœur, mademoiselle Dubarry.

— Ah! très-bien Madame, très-bien. Mais comme je ne l'ai jamais vue...

— Si fait.

— Je l'ai vue?

— Oui, et traitée même.

— Mademoiselle Dubarry!

— Oui, mademoiselle Dubarry. Seulement, ce jour-là elle s'appelait mademoiselle Flageot.

— Ah ! s'écria la vieille plaideuse avec une aigreur qu'elle ne put dissimuler, ah ! cette fausse mademoiselle Flageot, qui m'est venue trouver et qui m'a fait voyager ainsi, c'était madame votre belle-sœur?

— En personne madame.

— Qui m'était envoyée ?

— Par moi.

— Pour me mystifier?

— Non, pour vous servir en même temps que vous me serviriez.

La vieille femme fronça son épais sourcil gris.

— Je crois, dit-elle, que cette visite ne me sera pas très-profitable.

— Auriez-vous été mal reçue par M. de Maupeou, Madame?

— Eau bénite de cour.

— Il me semble que j'ai eu l'honneur de vous offrir quelque chose de moins insaisissable que de l'eau bénite.

— Madame, Dieu dispose quand l'homme propose.

— Voyons, Madame, parlons sérieusement, dit la comtesse.

— Je vous écoute.

— Vous vous êtes brûlé le pied ?

— Vous le voyez.

— Gravement.

— Affreusement.

— Ne pouvez-vous malgré cette blessure, douloureuse sans doute, mais qui ne peut être dangereuse, ne pouvez-vous faire un effort, supporter la voiture jusqu'à Luciennes et vous tenir debout une seconde dans mon cabinet, devant sa Majesté ?

— Impossible, madame, à la seule idée de me lever, je me sens défaillir.

— Mais c'est donc une affreuse blessure que vous vous êtes faite ?

— Comme vous dites, affreuse.

— Et qui vous panse, qui vous conseille, qui vous soigne ?

— J'ai, comme toute femme qui a tenu maison, des recettes excellentes pour les brûlures, je m'applique un baume composé par moi.

— Peut-on, sans indiscrétion, voir ce spécifique ?

— Dans cette fiole, sur la table.

Hypocrite ! pensa la comtesse, elle a

poussé jusque-là la dissimulation; elle est décidément très-forte, mais voyons la fin.

— Madame, dit tout haut la comtesse, moi aussi j'ai une huile admirable pour ces sortes d'accidents; mais l'application dépend beaucoup du genre de brûlure.

— Comment cela ?

— Il y a la rougeur simple, l'ampoule et l'écorchure. Je ne suis pas médecin, mais tout le monde s'est brûlé plus ou moins dans sa vie.

— Madame, c'est une écorchure, dit la comtesse.

— Oh ! mon Dieu ! que vous devez souffrir. Voulez-vous que je vous applique mon huile ?

— De grand cœur, madame. Vous l'avez donc apportée ?

— Non; mais je l'enverrai...

— Merci, mille fois.

— Il convient seulement que je m'assure du degré de gravité.

La vieille se récria.

— Oh ! non, Madame, dit-elle, je ne veux pas vous offrir un pareil spectacle.

Bon, pensa madame Dubarry, la voilà prise.

— Ne craignez point cela, madame, dit-elle, je suis familiarisée avec la vue des blessures.

— Oh! madame, je connais trop les bienséances.

— Là où il s'agit de secourir notre prochain, oublions les bienséances, madame.

Et brusquement elle étendit la main vers la jambe que la comtesse tenait allongée sur un fauteuil.

La vieille poussa un effroyable cri d'angoisse, quoique madame Dubarry l'eût à peine touchée.

— Oh ! bien joué ! murmura la comtesse, qui étudiait chaque crispation sur le visage décomposé de madame de Béarn.

— Je me meurs, dit la vieille. Ah ! quelle peur vous m'avez faite, madame.

Et, les joues pâles, les yeux mourants, elle se renversa comme si elle allait s'évanouir.

— Vous permettez, madame, continua la favorite.

— Faites, madame, dit la vieille d'une voix éteinte.

Madame Dubarry ne perdit point de temps ; elle détacha la pemière épingle des linges qui entouraient la jambe, puis rapidement déroula la bandelette.

A sa grande surprise, la vieille la laissa faire.

Elle attend que je sois à la compresse pour jeter les hauts cris; mais, quand je devrais l'étouffer, je verrai sa jambe, murmura la favorite.

Et elle poursuivit.

Madame de Béarn gémissait, mais ne s'opposait à rien.

La compresse fut détachée et une véritable plaie s'offrit aux yeux de madame Dubarry. Ce n'était pas de l'imitation, et là s'arrêtait la diplomatie de madame de Béarn. Livide et sanguinolente, la brûlure parlait éloquemment. Madame de Béarn pouvait avoir vu et reconnu Chon; mais alors elle s'élevait à la hauteur de Porcie et de Mucius Scévola.

Madame Dubarry se tut et admira.

La vieille, revenue à elle, jouissait pleinement de sa victoire; son œil fauve couvait la comtesse agenouillée à ses pieds.

Madame Dubarry replaça la compresse avec cette délicate sollicitude des femmes dont la main est si légère aux blessés, rétablit sur le coussin la jambe de la malade et s'asseyant auprès d'elle :

— Allons, Madame, lui dit-elle, vous êtes encore plus forte que je ne le croyais, et je vous demande pardon de ne pas avoir du premier coup, attaqué la question comme il convenait à une femme de votre valeur. Faites vos conditions.

Les yeux de la vieille étincelaient, mais ce ne fut qu'un éclair qui s'éteignit aussitôt.

— Formulez nettement votre désir, madame, dit-elle, et je verrai en quoi je puis vous être agréable.

— Je veux, dit la comtesse, être présentée à Versailles par vous, madame, dût-il vous en coûter une heure des horribles souffrances que vous avez subies ce matin.

Madame de Béarn écouta sans sourciller.

— Et puis? dit-elle.

— C'est tout, madame; maintenant à votre tour.

— Je voudrais, dit madame de Béarn, avec une fermeté qui prouva nettement à la comtesse qu'on traitait avec elle de puissance à puissance, je voudrais les deux cent mille livres de mon procès garanties.

— Mais si vous gagnez votre procès,

cela fera quatre cent mille livres ce me semble.

— Non, car je regarde comme à moi les deux cent mille livres que me disputent les Saluces. Les deux cent mille autres seront une bonne fortune à ajouter à l'honneur que j'ai eu de faire votre connaissance.

— Vous aurez ces deux cent mille livres, madame. Après ?

— J'ai un fils que j'aime tendrement, madame. L'épée a toujours été bien portée dans notre maison; mais nés pour commander, vous devez comprendre que nous faisons de médiocres soldats.

Il me faut une compagnie sur-le-champ pour mon fils, avec un brevet de colonel pour l'année prochaine.

— Qui fera les frais du régiment, madame ?

— Le roi. Vous comprenez que si je dépense à ce régiment les deux cent mille livres de mon bénéfice, je serai aussi pauvre demain que je le suis aujourd'hui.

— De bon compte, cela fait six cent mille livres.

— Quatre cent mille, en supposant que le régiment en vaille deux cents; ce qui est l'estimer bien haut.

— Soit; vous serez satisfaite en ceci.

— J'ai encore à demander au roi la restitution de ma vigne de Touraine; ce sont quatre bons arpents que les ingénieurs du roi m'ont pris, il y a onze ans pour le canal.

— On vous l'a payée.

— Oui, mais à dire d'expert; et je l'estimerai, moi, juste le double du prix qu'ils l'ont estimée.

— Bien! on vous la paiera une seconde fois. Est-ce tout?

— Pardon. Je ne suis pas en argent, comme vous devez le penser. Je dois à madame Flageot quelque chose comme neuf mille livres.

— Neuf mille livres !

— Oh ! ceci est l'indispensable. Madame Flageot est d'excellent conseil.

— Oui, je le crois, dit la comtesse. Je paierai ces neuf mille livres sur mes propres deniers. J'espère que vous m'avez trouvée accommodante ?

— Oh! vous êtes parfaite, madame ; mais je crois, de mon côté, vous avoir prouvé toute ma bonne volonté.

— Si vous saviez combien je regrette

que vous vous soyez brûlée, dit madame Dubarry en souriant.

— Je ne le regrette pas, madame, répondit la plaideuse, puisque, malgré cet accident, mon dévouément, je l'espère, me donnera la force de vous être utile, comme s'il n'était pas arrivé.

— Résumons, dit madame Dubarry.

— Attendez.

— Vous avez oublié quelque chose.

— Un détail.

— Dites.

— Je ne pouvais m'attendre à paraître devant notre grand roi. Hélas! Versailles et ses splendeurs ont cessé depuis longtemps de m'être familières, de sorte que je n'ai pas de robe.

— J'avais prévu le cas, madame : hier, après votre départ, votre habit de présentation a été commencé, et j'ai eu le soin de le commander chez une autre tailleuse que la mienne pour ne pas l'encombrer. Demain à midi, il sera achevé.

— Je n'ai pas de diamants

— MM. Bœmer et Bossange vous donneront demain, sur un mot de moi, une parure de deux cent dix mille livres, qu'ils vous reprendront après-demain pour deux cent mille livres. Ainsi votre indemnité se trouvera payée.

— Très-bien, Madame : je n'ai plus rien à désirer.

— Vous m'en voyez ravie.

— Mais le brevet de mon fils ?

— Sa Majesté vous le remettra elle-même.

— Mais la promesse des frais de levée du régiment ?

— Le brevet l'impliquera.

— Parfait.

— Il ne reste plus que la question des vignes.

— Vous estimiez ces quatre arpents, Madame ?...

— Six mille livres l'arpent. C'étaient d'excellentes terres.

— Je vais vous souscrire une obligation de douze mille livres qui, avec les douze mille que vous avez déjà reçues, feront juste les vingt-quatre mille.

— Voici l'écritoire, Madame, dit la comtesse, en montrant du doigt l'objet qu'elle nommait.

— Je vais avoir l'honneur de vous le passer, dit madame Dubarry.

— A moi.

— Oui.

— Pourquoi faire?

— Pour que vous daigniez écrire à Sa Majesté la petite lettre que je vais avoir l'honneur de vous dicter. Donnant donnant.

— C'est juste, dit madame de Béarn.

— Veuillez donc écrire, Madame.

La vieille attira la table près de son fauteuil, apprêta son papier, prit la plume et attendit.

Madame Dubarry dicta :

« Sire, le bonheur que je ressens de voir acceptée par Votre Majesté l'offre que j'ai faite d'être la marraine de ma chère amie, la comtesse Dubarry...

La vieille allongea les lèvres et fit cracher sa plume.

— Vous avez une mauvaise plume, comtesse, dit la favorite, il faut la changer.

— Inutile, Madame, elle s'habituera.

— Vous croyez?

— Oui.

Madame Dubarry continua :

« M'enhardit à solliciter Votre Majesté
« de me regarder d'un œil favorable,
« quand demain je me présenterai à Ver-
« sailles, comme vous daignez le permet-
« tre. J'ose croire, Sire, que Votre Ma-
« jesté peut m'honorer d'un bon accueil,
« étant alliée d'une maison dont chaque
« chef a versé son sang pour le service des
« princes de votre auguste race. »

— Maintenant, signez s'il vous plaît.

Et la comtesse signa :

« ANASTASIE-EUPHÉMIE-RODOLPHE,
« COMTESSE DE BÉARN. »

La vieille écrivait d'une main ferme ; les caractères, grands d'un demi-pouce, se couchaient sur le papier qu'ils soupoudrèrent d'une quantité aristocratique de fautes d'ortographe.

Lorsqu'elle eut signé, la vieille, tout en retenant d'une main la lettre qu'elle venait d'écrire, passa de l'autre main l'encre, le papier et la plume à madame Dubarry, laquelle, d'une petite écriture droite et épineuse, souscrivit une obligation de vingt-une mille livres, douze mille pour indemniser de la perte des vignes neuf mille pour payer les honoraires, de maître Flageot.

Puis elle écrivit une petite lettre à MM. Boëmer et Bossange, joailliers de la couronne, les priant de remettre au porteur la parure de diamants et d'émeraudes appelée *Louise,* parce qu'elle venait de la princesse tante du Dauphin, laquelle l'avait vendue pour ses aumônes.

Cela fini, marraine et filleule échangèrent leur papier.

— Maintenant, dit madame Dubarry, donnez-moi une preuve de bonne amitié, chère comtesse.

— De tout mon cœur, Madame.

— Je suis sûre que si vous consentez à

vous installer chez moi, Tronchin vous guérira en moins de trois jours. Venez-y donc; en même temps, vous essayerez de mon huile, qui est souveraine.

— Montez toujours en carrosse, Madame, dit la prudente vieille; j'ai quelques affaires à terminer ici avant de vous rejoindre.

— Vous me refusez?

— Je vous déclare, au contraire, que j'accepte, Madame; mais pas pour le moment présent. Voici une heure qui sonne à l'Abbaye; donnez-moi jusqu'à trois heures; à cinq heures précises, je serai à Luciennes.

— Permettez-vous qu'à trois heures mon frère vienne vous prendre avec son carrosse?

— Parfaitement.

— Maintenant, soignez-vous d'ici là.

— Ne craignez rien. Je suis gentilfemme, vous avez ma parole, et dussé-je en mourir, je vous ferai honneur demain à Versailles.

— Au revoir, ma chère marraine!

— Au revoir, mon adorable filleule!

Et elles se séparèrent ainsi, la vieille

toujours couchée, une jambe sur ses coussins, une main sur ses papiers.

Madame Dubarry, plus légère encore qu'à son arrivée, mais le cœur légèrement serré, de n'avoir pas été la plus forte avec une vieille plaideuse, elle qui, à son plaisir, battait le roi de France.

En passant devant la grande salle, elle aperçut Jean qui sans doute pour ne pas donner de soupçons sur sa présence prolongée, venait d'attaquer une seconde bouteille.

En apercevant sa belle-sœur, il bondit de sa chaise et courut à elle.

— Eh bien lui dit-il.

— Voici ce qu'a dit le maréchal de Saxe à Sa Majesté en lui montrant le champ de bataille de Fontenoy :

« Sire, apprenez par ce spectacle combien une victoire est chère et douloureuse. »

— Nous sommes donc vainqueurs ? demanda Jean.

— Un autre mot. Mais celui-là nous vient de l'antiquité. « Encore une victoire comme celle-là, et nous sommes ruinés. »

— Nous avons la marraine ?

— Oui, seulement elle nous coûte près d'un million !

— Oh ! oh ! fit Dubarry, avec une effroyable grimace.

— Dam ! c'était à prendre ou à laisser !

— Mais c'est criant !

— C'est comme cela. Et ne vous rebroussez pas trop encore, car il se pourrait, si vous n'étiez pas bien sage, que nous n'eussions rien du tout ou que cela nous coûtât le double.

— Tudieu ! quelle femme !

— C'est une Romaine.

— C'est une Grecque.

— N'importe! Grecque ou Romaine, tenez-vous prêt à la prendre à trois heures, et à me l'amener à Luciennes. Je ne serai tranquille que lorsque je la tiendrai sous clé.

— Je ne bouge pas d'ici, dit Jean.

— Et moi, je cours tout préparer, dit la comtesse.

Et, s'élançant dans son carrosse :

— A Luciennes! cria-t-elle. Demain je dirai : à Marly.

— C'est égal, dit Jean en suivant de

l'œil le carrosse, nous coûtons joliment cher à la France!...... C'est flatteur pour les Dubarry.

IV

La cinquième conspiration du maréchal de Richelieu.

Le roi était revenu tenir son Marly comme de coutume.

Moins esclave de l'étiquette, que Louis XIV, qui cherchait, dans les réunions de la cour, des occassions d'essayer sa puissance, Louis XV, cherchait dans chaque cercle des nouvelles dont il était avide et surtout cette variété de visage, distraction qu'il mettait au-dessus de toutes les autres, surtout, quand ces visages étaient souriants.

Le soir même de l'entrevue que nous venons de rapporter, et deux heures après que madame de Béarn, selon sa promesse tenue fidèlement cette fois, était installée dans le cabinet de madame Dubarry, le roi jouait dans le salon bleu.

Il avait à sa gauche la duchesse d'Ayen, à sa droite la princesse de Guéménée.

Sa Majesté paraissait fort préoccupée;

elle perdit huit cents louis par suite de cette préoccupation; puis, disposé aux choses sérieuses par cette perte,— Louis XV, en digne descendant d'Henri IV, aimait fort à gagner, — le roi se leva à neuf heures pour aller causer dans l'embrâsure d'une fenêtre avec M. de Malesherbes, fils de l'ex-chancelier; tandis que M. de Maupeou, causant avec M. de Choiseul dans l'embrâsure d'une fenêtre en face, suivait d'un œil inquiet la conversation.

Cependant, depuis le départ du roi, un cercle s'était formé près de la cheminée. Mesdames Adélaïde, Sophie et Victoire, à leur retour d'une promenade aux jardins, s'étaient assises à cet endroit avec leurs dames d'honneur et leurs gentilshommes.

Et comme autour du roi, certainement occupé d'affaires, car on connaissait l'austérité de M. de Malesherbes, — comme autour du roi, disons-nous, il y avait un cercle d'officiers de terre et de mer, de grands dignitaires, de seigneurs et de présidents, retenus par une respectueuse attente, la petite cour de la cheminée se suffisait à elle-même, et préludait à une conversation plus animée par quelques escarmouches que l'on pouvait ne regarder que comme affaires d'avant-garde.

Les principales femmes composant ce groupe étaient, outre les trois filles du roi, madame de Grammont, madame de Guéménée, madame de Choiseul, madame de Mirepoix et madame de Polastron.

Au moment où nous prenons ce groupe, madame Adélaïde racontait une histoire d'évêque mis en retraite au pénitencier du diocèse. L'histoire, que nous nous abstiendrons de répéter, était passablement scandaleuse, surtout pour une princesse royale, mais l'époque que nous essayons de décrire n'était pas, comme on le sait, précisément sous l'invocation de la déesse Vesta.

— Eh bien ! dit madame Victoire, cet

évêque a pourtant siégé ici, parmi nous, il y a un mois à peine.

— On serait exposé à pire rencontre encore chez Sa Majesté, dit madame de Grammont, si ceux-là y venaient qui, n'y étant jamais venus, veulent y venir.

Tout le monde sentit, aux premières paroles de la duchesse, et surtout au ton avec lequel ces paroles étaient prononcées de qui elle voulait parler et sur quel terrain allait manœuvrer la conversation.

— Heureusement que vouloir et pouvoir sont deux, n'est-ce pas, duchesse? dit en se mêlant à la conversation un petit homme de soixante-quatorze ans, qui en paraissait cinquante à peine, tant sa taille était élégante, sa voix fraîche, sa jambe fine, ses yeux vifs, sa peau blanche, et sa main belle.

— Ah! voilà M. de Richelieu qui se jette aux échelles, comme à Mahon, et qui va prendre notre pauvre conversation par escalade, dit la duchesse. Nous sommes donc toujours un peu grenadier, mon cher duc?

— Un peu! Ah! duchesse, vous me faites tort, dites beaucoup.

— Eh bien! ne disais-je pas vrai, duc?

— Quand cela ?

— Tout à l'heure.

— Et que disiez-vous ?

— Que les portes du roi ne se forcent pas...

— Comme des rideaux d'alcove. Je suis de votre avis, duchesse, toujours de votre avis.

Le mot amena les éventails sur quelques visages, mais il eut du succès, quoique les détracteurs du temps passé prétendissent que l'esprit du duc avait vieilli.

La duchesse de Grammont rougit sous

son rouge, car c'était à elle surtout que l'épigramme s'adressait.

— Mesdames, continua-t-elle, si M. le duc nous dit de pareilles choses, je ne continuerai pas mon histoire, et vous y perdrez beaucoup, je vous jure, à moins que vous ne demandiez au maréchal de vous en raconter une autre.

— Moi, dit le duc, vous interrompre quand vous allez probablement dire du mal de quelqu'un de mes amis, Dieu m'en préserve, j'écoute de toutes les oreilles qui me restent.

On resserra le cercle autour de la duchesse.

Madame de Grammont lança un regard du côté de la fenêtre pour s'assurer que le roi était toujours là. Le roi y était toujours mais, bien que causant avec M. de Malesherbes, il ne perdait pas de vue le groupe, et son regard se croisa avec celui de madame de Grammont.

La duchesse se sentit un peu intimidée de l'expression qu'elle avait cru lire dans les yeux du roi; mais elle était lancée, elle ne voulut pas s'arrêter en chemin.

— Vous savez donc, continua madame de Grammont, s'adressant principalement aux trois princesses, qu'une dame, — le nom n'y fait rien, n'est-pas? — désira dernièrement nous voir, nous, les élues du Seigneur, trônant dans notre gloire, dont les rayons la font mourir de jalousie.

— Nous voir, où? demanda le duc.

— Mais à Versailles, à Marly, à Fontainebleau.

— Bien, bien, bien.

— La pauvre créature n'avait jamais vu de nos grands cercles que le dîner du roi, où les badauds sont admis derrière les bannières à regarder manger Sa Majesté et ses convives, en défilant, bien entendu, sous la baguette de l'huissier de service.

M. de Richelieu prit bruyamment du

tabac dans une boîte de porcelaine de Sèvres.

— Mais pour nous voir à Versailles, à Marly, à Fontainebleau, il faut être présentée, dit le duc.

— Justement, la dame en question sollicita la présentation.

— Je parie qu'elle lui fut accordée, dit le duc, le roi est si bon !

— Malheureusement, pour être présentée il ne suffit pas de la permission du roi, il faut encore quelqu'un qui vous présente.

— Oui, dit madame de Guéménée,

quelque chose comme une marraine, par exemple.

— Oui, mais tout le monde n'a pas une marraine, dit madame de Mirepoix, témoin la belle Bourbonnaise, qui en cherche une et qui n'en trouve pas.

Et elle se mit à fredonner.

> La belle Bourbonnaise
> Est fort mal à son aise.

— Ah! maréchale, maréchale, dit le duc de Richelieu, laissez donc tout l'honneur de son récit à madame la duchesse.

— Voyons, voyons, duchesse, dit madame Victoire, voilà que vous nous avez fait venir l'eau à la bouche, et que vous nous laissez-là en chemin.

— Pas du tout ; je tiens au contraire à raconter mon histoire jusqu'au bout. N'ayant pas de marraine, on en chercha une. Cherchez, et vous trouverez, dit l'Évangile. On chercha si bien qu'on trouva, mais quelle marraine, bon Dieu! Une bonne femme de campagne toute naïve, toute candide. On la tira de son colombier, on la mijota, on la dorlota, on la para.

— C'est à faire frémir, dit madame de Guéménée.

— Mais tout à coup, voilà que quand la

provinciale est bien mijotée, bien dorlotée, bien parée, elle tombe du haut en bas de son escalier....

— Et? dit M. de Richelieu.

— La jambe se cassa.
Ah! ah! ah! ah!

dit la duchesse, ajoutant un vers de circonstance aux deux vers de la maréchale de Mirepoix.

— De sorte, dit madame de Guéménée, que de présentation?

— Pas l'ombre, ma chère.

— Ce que c'est que la Providence! dit le maréchal en levant les deux mains au ciel.

— Pardon, dit madame Victoire ; mais je plains fort la pauvre provinciale, moi.

— Au contraire, Madame, dit la duchesse, félicitez-la ; de deux maux elle a choisi le moindre.

La duchesse s'arrêta court : elle venait de rencontrer un second regard du roi.

— Mais de qui donc venez-vous de parler, duchesse ? reprit le maréchal, faisant semblant de chercher quelle était la personne dont il pouvait être question.

— Ma foi, l'on ne m'a pas dit le nom.

— Quel malheur ! dit le maréchal.

— Mais j'ai deviné; faites comme moi.

— Si les dames présentées étaient courageuses et fidèles aux principes d'honneur de la vieille noblesse de France, dit madame de Guéménée avec amertume, elles iraient toutes s'inscrire chez la provinciale qui a eu l'idée sublime de se casser la jambe.

— Ah! ma foi oui, dit Richelieu, voilà une idée. Mais il faudrait savoir comment s'appelle cette excellente dame qni nous sauve d'un si grand danger; car nous n'avons plus rien à craindre; n'est-ce pas, chère duchesse?

— Oh! plus rien, je vous en réponds;

elle est sur son lit, la jambe empaquetée et incapable de faire un seul pas.

— Mais, dit madame de Guéménée, si cette femme allait trouver une autre marraine ; elle est fort remuante.

— Oh! il n'y a rien à craindre; cela ne se trouve pas comme cela, les marraines.

— Peste! je le crois bien, dit le maréchal en grignotant une de ces pastilles merveilleuses auxquelles il devait, prétendait-on, son éternelle jeunesse.

En ce moment, le roi fit un mouvement pour se rapprocher. Chacun se tut.

Alors la voix du roi, si claire et si connue retentit dans le salon.

— Adieu, mesdames, bonsoir, messieurs.

— Chacun se leva aussitôt, et il se fit un grand mouvement dans la galerie.

Le roi fit quelques pas vers la porte, puis se retournant au moment de sortir.

— A propos, dit-il, il y aura demain présentation à Versailles.

Ces paroles tombèrent comme la foudre sur l'assemblée.

Le roi promena son regard sur le groupe

de femmes qui pâlissaient en s'entre-regardant.

Puis il sortit sans rien ajouter.

Mais à peine eût-il franchi le seuil du salon avec le nombreux cortége de gentilshommes de son service et de sa suite, que l'explosion se fit parmi les princesses et les personnes demeurées après son départ.

— Une présentation! balbutia la duchesse de Grammont devenue livide. Qu'a donc voulu dire Sa Majesté?

— Eh! duchesse, fit le maréchal avec un de ces sourires que ne lui pardonnaient pas ses meilleurs amis, est-ce que cette présentation serait la vôtre, par hasard?

Mesdames se mordaient les lèvres avec dépit.

— Oh! impossible, répétait sourdement madame de Grammont.

— Ecoutez donc, duchesse, dit le maréchal, on remet si bien les jambes aujourd'hui.

M. de Choiseul s'approcha de sa sœur et lui pressa le bras en signe d'avertissement; mais la comtesse était trop profondément blessée pour rien écouter.

— Ce serait une indignité! s'écria-t-elle.

— Oui, une indignité! répéta madame de Guéménée.

M. de Choiseul vit qu'il n'y avait rien à faire, il s'éloigna.

—Oh! Mesdames, s'écria la duchesse, s'adressant aux trois filles du roi nous n'avous plus de ressources qu'en vous. Vous, les premières dames du royaume, souffririez-vous que nous soyons exposées à trouver dans le seul asile inviolable des dames de qualité, une société dont ne voudraient pas nos filles de chambre?

Mais les princesses, au lieu de répondre, baissèrent tristement la tête.

— Mesdames, au nom du ciel! répéta la duchesse.

— Le roi est le maître, dit madame Adélaïde en soupirant.

— C'est assez juste, dit le duc de Richelieu.

— Mais alors, toute la cour de France est compromise, s'écria la duchesse. Ah! messieurs, que vous avez peu de souci pour l'honneur de vos familles!

— Mesdames, dit M. de Choiseul en essayant de rire, comme ceci tourne à la conspiration, vous trouverez bon que je me retire, et qu'en me retirant j'emmène M. de

Sartines. Venez-vous, duc? continua M. de Choiseul en s'adressant au maréchal.

— Oh! ma foi non! dit le maréchal, j'adore les conspirations, moi ; je reste.

M. de Choiseul se déroba emmenant M. de Sartines.

Les quelques hommes qui se trouvaient encore là suivirent leur exemple.

Il ne resta autour des princesses que madame de Grammont, madame de Guéménée, madame d'Ayen, madame de Mirepoix, madame de Polastron, et huit ou dix des femmes qui avaient embrassé avec le plus d'ardeur la querelle de la présentation.

M. de Richelieu était le seul homme.

Les dames le regardaient avec inquiétude, comme on eût fait d'un Troïen dans le camp des Grecs.

— Je représente ma fille, la comtesse d'Egmont, allez, dit-il, allez.

— Mesdames, dit la duchesse de Grammont, il y a un moyen de protester contre l'infamie que l'on veut nous imposer, et, pour ma part, j'emploierai ce moyen.

— Quel est-il? demandèrent en même temps toutes les femmes.

— On nous a dit, reprit madame de Grammont : le roi est le maître.

— Et j'ai répondu: c'est juste, dit le duc.

— Le roi est maître chez lui, c'est vrai; mais chez nous, nous sommes maîtresses; or, qui peut m'empêcher, ce soir, de dire à mon cocher: à Chanteloup, au lieu de lui dire: à Versailles?

— C'est vrai, dit M. de Richelieu ; mais quand vous aurez protesté, duchesse, qu'en résultera-t-il?

— Il en résultera que l'on réfléchira.

— Il en résultera qu'on réfléchirait bien davantage encore, s'écria madame de Guéménée, si beaucoup vous imitaient, Madame.

— Et pourquoi n'imiterions-nous pas toutes la duchesse? dit la maréchale de Mirepoix.

— Oh! Mesdames, dit alors la duchesse en s'adressant de nouveau aux filles du roi; oh! le bel exemple à donner à la cour, vous filles de France!

— Le roi nous en voudrait-il? dit madame Sophie.

— Non, non! que Vos Altesses en soient certaines! s'écria la haineuse duchesse. Non; lui qui a un sens exquis, un tact parfait, il vous en serait reconnaissant, au contraire. Le roi, croyez-moi, ne violente personne.

— Au contraire, dit le duc de Richelieu, faisant, pour la deux ou troisième fois, allusion à une invasion que madame de Grammont avait faite, dit-on, un soir, dans la chambre du roi, c'est lui qu'on violente, c'est lui qu'on prend de force.

Il y eut en ce moment, à ces paroles, dans les rangs des dames, un mouvement pareil à celui qui s'opère dans une compagnie de grenadiers quand une bombe éclate.

Enfin, on se remit.

— Le roi n'a rien dit, c'est vrai, lorsque nous avons fermé notre porte à la comtesse, dit madame Victoire, enhardie et échauffée par le bouillonnement de l'assemblée; mais il se pourrait que, dans une occasion si solennelle...

— Oui, oui, sans doute, insista madame de Grammont; bien certainement, cela pourrait être ainsi, si vous seules, Mesdames, lui faisiez défaut ; mais quand on verra que nous manquons toutes...

— Toutes? s'écrièrent les femmes.

— Oui, toutes, répéta le vieux maréchal.

— Ainsi, vous êtes du complot? demanda madame Adélaïde.

— Certainement que j'en suis, et c'est pour cela que je demanderai la parole.

— Parlez, duc, parlez, dit madame de Grammont.

— Procédons méthodiquement dit le duc; ce n'est pas le tout que de crier, toutes, toutes, telle crie à tue-tête, je ferai ceci, qui, le moment venu, fera justement le contraire; or, comme je suis du complot, ainsi que je viens d'avoir l'honneur de vous le dire, je ne me soucie pas d'être abandonné, comme je le fus, chaque fois que je complotais sous le feu roi, ou sous la régence.

— En vérité, duc, dit ironiquement la duchesse de Grammont, ne dirait-on pas que vous oubliez où vous êtes ; dans le pays des Amazones, vous vous donnez des airs de chef.

— Madame, dit le duc, je vous prie de croire que j'aurais quelque droit à ce rang que vous me disputez ; vous haïssez plus madame Dubarry, — bon, voilà que j'ai dit le nom à présent, mais personne ne l'a entendu, n'est-ce pas ? — Vous haïssez plus madame Dubarry que moi, mais je suis plus compromis que vous.

— Vous compromis, duc? demanda la maréchale de Mirepoix.

— Oui, compromis, et horriblement encore; il y a huit jours que je n'ai été à Luciennes, il y a quatre jours que je n'ai été à Versailles; c'est au point que hier la comtesse a fait passer au pavillon de Hanovre pour demander si j'étais malade, et vous savez ce que Rafé a répondu, que je me portais si bien que je n'étais pas rentré depuis la veille. Mais j'abandonne mes droits, je n'ai pas d'ambition, je vous laisse le premier rang, et même, je vous y porte. Vous avez tout mis en branle, vous êtes le boute-feu, vous révolutionnez les consciences, à vous le bâton de commandement.

— Après Mesdames, dit respecteusement la duchesse.

— Oh! laissez-nous le rôle passif, dit madame Adélaïde. Nous allons voir notre sœur Louise à Saint-Denis; elle nous retient, nous ne revenons pas, il n'y a rien à dire.

— Rien absolument, dit le duc, ou il faudrait avoir l'esprit bien mal fait.

— Moi, dit la duchesse, je fois mes foins à Chanteloup.

— Bravo! s'écria le duc, à la bonne heure, voilà une raison.

— Moi, dit la princesse de Guéménée, j'ai un enfant malade, et je prends la robe de chambre pour soigner mon enfant.

— Moi, dit madame de Polastron, je me sens tout étourdie ce soir, et serais capable de faire une maladie dangereuse si Tronchin ne me saignait pas demain.

— Et moi, dit majestueusement la maréchale de Mirepoix, je ne vais pas à Versailles, parce que je n'y vais pas; voilà ma raison, le libre arbitre!

— Bien, bien, dit Richelieu, tout cela est plein de logique, mais il faut jurer.

— Comment, il faut jurer ?

— Oui, l'on jure toujours dans les conjurations ; depuis la conspiration de Catilina jusqu'à celle de Cellamare, dont j'avais l'honneur de faire partie, on a toujours juré ; elles n'en ont pas mieux tourné c'est vrai, mais respect à l'habitude. Jurons donc ! c'est très-solennel, vous allez voir.

Il étendit la main au milieu du groupe de femmes et dit majestueusement :

— Je le jure.

Toutes les femmes répétèrent le serment

à l'exception de Mesdames, qui s'étaient éclipsées.

— Maintenant c'est fini, dit le duc ; quand une fois on a fait serment dans les conjurations, on ne fait plus rien.

— Oh ! quelle fureur, quand elle se trouvera seule au salon, s'écria madame de Grammont.

— Hum ! le roi nous exilera bien un peu, dit Richelieu.

— Eh ! duc, s'écria madame de Guéménée, que deviendra la cour, si l'on nous exile ? — N'attend-on pas S. M. danoise, que lui montrera-t-on ? N'attend-on pas

Son Altesse la Dauphine, à qui la montrera-t-on ?

— Et puis, on n'exile pas tout une cour; on choisit.

— Je sais bien que l'on choisit, dit Richelieu, et même je suis chanceux, moi, l'on me choisit toujours; on m'a déjà choisi quatre fois, car, de bon compte, j'en suis à ma cinquième conspiration, mesdames.

— Bon, ne croyez pas cela, duc, dit madame de Grammont; ce sera moi que l'on sacrifiera.

— Ou M. de Choiseul, ajouta le maréchal; prenez garde, duchesse.

— M. Choiseul est comme moi : il subira une disgrâce, mais ne souffrira pas un affront.

— Ce ne sera ni vous, duc, ni vous duchesse, ni M. de Choiseul, qu'on exilera, dit la maréchale de Mirepoix ; ce sera moi. Le roi ne pourra me pardonner d'être moins obligeante pour la comtesse que je ne l'étais pour la marquise.

— C'est vrai, dit le duc, vous, qu'on a toujours appelée la favorite de la favorite, pauvre maréchale ! on nous exilera ensemble !

— On nous exilera toutes, dit madame

de Guéménée en se levant ; car j'espère bien que nul de nous ne reviendra sur la détermination prise.

— Et sur la promesse jurée, dit le duc.

— Oh ! et puis, dit madame de Grammont, à tout hasard, je me mettrai en mesure, moi !

— Vous ? dit le duc.

— Oui. Pour être demain à Versailles à dix heures, il lui faut trois choses.

— Lesquelles ?

— Un coiffeur, une robe, un carrosse.

— Sans doute.

— Eh bien!

— Eh bien! elle ne sera pas à Versailles à dix heures; le roi s'impatientera; le roi congédiera, et la présentation sera remise aux calendes grecques, vu l'arrivée de madame la Dauphine.

Un hourra d'applaudissements et de bravos accueillit ce nouvel épisode de la conjuration; mais, tout en applaudissant plus haut que les autres, M. de Richelieu et madame de Mirepoix échangèrent un coup d'œil.

Les deux vieux courtisans s'étaient rencontrés dans l'intelligence d'une même pensée.

A onze heures, tous les conjurés s'envolaient sur la route de Versailles et de Saint-Germain, éclairés par une admirable lune.

Seulement, M. de Richelieu avait pris le cheval de son piqueur, et tandis que son carrosse, stores fermés, courait ostensiblement sur la route de Versailles, il gagnait Paris à fond de train par une route de traverse.

V

Ni coiffeur, ni robe, ni carrosse.

Il eût été de mauvais goût que madame Dubarry partît de son appartement de Versailles pour se rendre à la grande salle des présentations.

D'ailleurs, Versailles était bien pauvre de ressources dans un jour aussi solennel.

Enfin, mieux que tout cela, ce n'était point l'habitude. Les élus arrivaient avec un fracas d'ambassadeur, soit de leur hôtel de Versailles, soit de leur maison de Paris.

Madame Dubarry choisit ce dernier point de départ.

Dès onze heures du matin, elle était arrivée rue de Valois avec madame de Béarn, qu'elle tenait sous ses verroux quand elle ne la tenait point sous son sourire, et dont on rafraîchissait à chaque instant la blessure avec tout ce que fournissaient de secrets la médecine et la chimie.

Depuis la veille, Jean Dubarry, Chon et Dorée étaient à l'œuvre, et qui ne les avait pas vus à cette œuvre se fût fait difficilement une idée de l'influence de l'or et de la puissance du génie humain.

L'une s'assurait du coiffeur, l'autre harcelait les couturières ; Jean, qui avait le département des carrosses, se chargeait en outre de surveiller couturières et coiffeurs. La comtesse, occupée de fleurs, de diamants, de dentelles, nageait dans les écrins, et recevait d'heure en heure des courriers de Versailles, qui lui disaient que l'ordre avait été donné d'éclairer le salon de la reine, et que rien n'était changé.

Vers quatre heures, Jean Dubarry rentra pâle, agité, mais joyeux.

— Eh bien? demanda la comtesse.

— Eh bien ! tout sera prêt.

— Le coiffeur ?

— J'ai trouvé Dorée chez lui. Nous sommes convenus de nos faits. Je lui ai glissé dans la main un bon de cinquante louis. Il dînera ici à six heures précises, nous pouvons donc être tranquilles de ce côté-là.

— La robe?

— La robe sera merveilleuse. J'ai trouvé Chon qui la surveillait, vingt-six ouvrières y cousent les perles, les rubans et les garnitures. On aura ainsi fait lé par lé ce travail prodigieux, qui eût coûté huit jours à d'autres qu'à nous.

— Comment, lé par lé? fit la comtesse.

— Oui, petite sœur, il y a treize lés d'étoffe. Deux ouvrières pour chaque lé : l'une prend à gauche, l'autre prend à droite, chaque lé qu'elles ornent d'applications et de pierreries; de sorte qu'on n'assemblera qu'au dernier moment. C'est l'affaire de deux heures encore. A six heures du soir nous aurons la robe.

— Vous en êtes sûr Jean?

— J'ai fait hier le calcul des points avec mon ingénieur. Il y a dix mille points par lé ; cinq mille par chaque ouvrière. Dans cette épaisse étoffe, une femme ne peut pas coudre plus d'un point en cinq secondes; c'est douze par minutes, sept cent vingt par heure, sept mille deux cents en dix heures. Je laisse les deux mille deux cents pour les repos indispensables et les fausses piqûres, et nous avons encore quatre heures de bon.

— Et le carrosse ?

— Oh ! quant au carrosse, vous savez que j'en ai répondu ; le vernis sèche dans un grand magasin chauffé exprès à cinquante degrés. C'est un charmant vis-à-vis, près duquel, je vous en réponds, les carrosses envoyés au-devant de la Dauphine sont bien peu de chose. Outre les armoiries qui forment le fond des quatre panneaux, avec le cri de guerre des Dubarry : *Boutés en avant!* sur les deux panneaux de côté, j'ai fait peindre d'une part, deux colombes qui se caressent, et de l'autre un cœur percé d'une flèche. Le tout enrichi d'arcs, de carquois et de flambeaux. Il y a queue chez Francian pour le voir ; à huit heures précises, il sera ici.

En ce moment Chon et Dorée rentrèrent. Elles venaient confirmer tout ce qu'avait dit Jean.

— Merci, mes braves lieutenants dit la comtesse.

— Petite sœur, fit Jean, vous avez les yeux battus, dormez une heure, cela vous remettra.

— Dormir! ah bien, oui! Je dormirai cette nuit, et beaucoup n'en pourront pas dire autant.

Pendant que ces préparatifs se faisaient chez la comtesse, le bruit de la présentation courait par la ville. Tout désœuvré qu'il soit et tout indifférent qu'il paraisse, le peuple parisien est le plus nouvelliste de tous les peuples. Nul n'a mieux connu les personnages de la cour et leurs intrigues que le badaud du dix-huitième siècle, celui-là même qui n'était admis à aucune fête d'intérieur, qui ne voyait que les panneaux hiéroglyphiques des carrosses et les mystérieuses livrées des laquais coureurs de nuit. Il n'était point rare alors que tel ou tel seigneur de la cour fût connu de tout Paris ; c'était simple, au spectacle, aux promenades, la cour jouait le principal rôle. Et M. de Richelieu, sur son tabouret de la scène italienne, madame Dubarry, dans son carrosse éclatant comme celui d'une reine, posaient autant devant le public qu'un comédien aimé ou qu'une actrice favorite de nos jours.

On s'intéresse bien plus aux visages que l'on connaît. Tout Paris connaissait madame Dubarry, ardente à se montrer au théâtre, à la promenade, dans les magasins, comme les femmes riches, jeunes et belles. Puis, il la connaissait encore par ses portraits, par ses caricatures, par Zamore. L'histoire de la présentation occupait donc Paris presqu'autant qu'elle occupait la cour. Ce jour-là, il y eut encore rassemblement à la place du Palais-Royal, mais nous en demandons bien pardon à la philosophie, ce n'était point pour voir M. Rousseau jouant aux échecs au café de la Régence, c'était pour voir la favorite dans son beau carrosse et dans sa belle robe, dont il avait été tant parlé. Le mot de Jean Dubarry : nous coûtons cher à la France, était profond, et il était tout simple que la France, représentée par Paris, voulût jouir du spectacle qu'elle payait si cher.

Madame Dubarry connaissait parfaitement son peuple, car le peuple français fut bien plus son peuple qu'il n'avait été celui de Marie Leckzinska. Elle savait qu'il aimait à être ébloui ; et comme elle était d'un bon caractère, elle travaillait à ce que le spectacle fût en proportion de la dépense.

Au lieu de se coucher comme le lui

avait conseillé son beau-frère, elle prit de cinq à six heures un bain de lait ; puis enfin à six heures, elle se livra à ses femmes de chambre, en attendant l'arrivée du coiffeur.

Il n'y a pas d'érudition à faire à propos d'une époque si bien connue de nos jours qu'on pourrait presque la dire contemporaine, et que la plupart de nos lecteurs savent aussi bien que nous. Mais il ne sera pas déplacé d'expliquer, en ce moment surtout, ce qu'une coiffure de madame Dubarry devait coûter de soins, de temps et d'art.

Qu'on se figure un édifice complet. Le

prélude de ces châteaux que la cour du jeune roi Louis XVI se bâtissait tout crénelés sur la tête, comme si tout, à cette époque, eût dû être un présage, comme si la mode frivole, écho des passions sociales qui creusaient la terre sous les pas de tout ce qui était ou de tout ce qui paraissait grand, avait décrété que les femmes de l'aristocratie avaient trop peu de temps à jouir de leurs titres pour ne pas les afficher sur leur front ; comme si, prédiction plus sinistre encore, mais non moins juste, elle leur eût annoncé qu'ayant peu de temps à garder leurs têtes, elle devaient les orner jusqu'à l'exagération et les élever le plus possible au dessus des têtes vulgaires.

Pour natter ces beaux cheveux, les relever autour d'un coussin de soie, les enrouler sur des moules de baleine, les diaprer de pierreries, de perles, de fleurs, les saupoudrer de cette neige qui donnait aux yeux le brillant, au teint la fraîcheur; pour rendre harmonieux enfin, ces tons de chair, de nacre, de rubis, d'opale, de diamants, de fleurs omnicolores et multiformes, il fallait être non-seulement un grand artiste, mais encore un homme patient.

Aussi, seuls de tous les corps de métiers, les perruquiers portaient l'épée comme les statuaires.

Voilà ce qui explique les cinquante louis donnés par Jean Dubarry au coiffeur de la cour, et la crainte que le grand Lubin — le coiffeur de la cour à cette époque se nommait Lubin — et la crainte, disons-nous, que le grand Lubin ne fût moins exact ou moins adroit qu'on ne l'espérait.

Ces craintes ne furent bientôt que trop justifiées; six heures sonnèrent, le coiffeur ne parut point, puis six heures et demie, puis sept heures moins un quart. Une seule chose rendait un peu d'espérance à tous ces cœurs haletants, c'est qu'un homme de la valeur de M. Lubin devait naturellement se faire attendre.

Mais sept heures sonnèrent; le vicomte craignit que le dîner préparé pour le coiffeur ne refroidît, et que cet artiste ne fût pas satisfait. Il envoya donc chez lui un grison pour le prévenir que le potage était servi.

Le laquais revint un quart d'heure après.

Ceux qui ont attendu en pareille circonstance savent seuls ce qu'il y a de secondes dans un quart d'heure.

Le laquais avait parlé à madame Lubin elle-même, laquelle avait assuré que M. Lubin venait de sortir et que s'il n'était déjà rendu à l'hôtel, on pouvait être assuré du moins qu'il était en route.

— Bon, dit Dubarry, il aura trouvé quelqu'embarras de voiture. Attendons.

— D'ailleurs, il n'y a rien de compromis encore, dit la comtesse, je puis être coiffée à demi-habillée, la présentation n'a lieu qu'à dix heures précises. Nous avons encore trois heures devant nous et il ne nous en faut qu'une pour aller à Versailles. En attendant, Chon, montre-moi ma robe, cela me distraira. Eh bien! où est donc Chon? Chon! ma robe, ma robe!

— La robe de madame n'est pas encore arrivée, dit Dorée, et la sœur de madame la comtesse est partie, il y a dix minutes, pour l'aller quérir elle-même.

— Ah! dit Dubarry, j'entends un bruit de roues, c'est sans doute notre carrosse, qu'on amène.

Le vicomte se trompait, c'était Chon qui rentrait dans son carrosse, attelé de deux chevaux ruisselants de sueur.

— Ma robe! cria la comtesse, que Chon était encore dans le vestibule, ma robe!

— Est-ce qu'elle n'est pas arrivée? demanda Chon tout effarée.

— Non.

— Oh! bien, elle ne peut tarder, continua-t-elle en se rassurant, car la faiseuse, quand je suis montée chez elle, venait de partir en fiacre avec deux de ses ouvrières pour apporter et essayer la robe.

— En effet, dit Jean, elle demeure rue du Bac, et le fiacre a dû marcher moins vite que nos chevaux.

— Oui, oui assurément, dit Chon, qui ne pouvait cependant se défendre d'une certaine inquiétude.

— Vicomte, dit madame Dubarry, si vous envoyez toujours chercher le carrosse, que nous n'attendions pas de ce côté-là, au moins?

— Vous avez raison, Jeanne.

Et Dubarry ouvrit la porte.

— Qu'on aille chercher le carrosse chez Francian, dit-il, et cela, avec les chevaux neufs afin qu'ils se trouvent tout attelés.

Le cocher et les chevaux partirent.

Comme le bruit de leurs pas commençait à se perdre dans la direction de la rue Saint-Honoré, Zamore entra avec une lettre.

— Lettre pour maîtresse Barry, dit-il.

— Qui l'a apportée?

— Un homme.

— Comment, un homme! Quel homme?

— Un homme à cheval.

— Et pourquoi te l'a-t-il remise à toi?

— Parce que Zamore était à la porte.

— Mais lisez, comtesse, lisez, plutôt que de questionner, s'écria Jean.

— Vous avez raison, vicomte.

— Pourvu que cette lettre ne contienne rien de fâcheux, murmura le vicomte.

— Eh non! dit la comtesse, quelque placet pour Sa Majesté.

— Le billet n'est pas plié en forme de placet.

— En vérité, vicomte, vous ne mourrez que de peur, dit la comtesse en souriant.

Et elle brisa le cachet.

Aux premières lignes, elle poussa un horrible cri, et tomba sur son fauteuil à demi-expirante.

— Ni coiffeur, ni robe, ni carrosse! dit-elle.

Chon s'élança vers la comtesse, Jean se précipita sur la lettre.

Elle était d'une écriture droite et menue : c'était évidemment une écriture de femme.

« Madame, disait la lettre, méfiez-vous ; ce soir, vous n'aurez ni coiffeur, ni robe, ni carrosse.

« J'espère que cet avis vous parviendra en temps utile.

« Pour ne point forcer votre reconnaissance, je ne me nomme point. Devinez-moi si vous voulez connaître une sincère amie. »

— Ah! voilà le dernier coup, s'écria Dubarry au désespoir. Sang bleu! il faut que je tue quelqu'un. Pas de coiffeur! Par la mort! j'éventrerai ce bélitre de Lubin. Mais c'est qu'en effet, voilà sept heures et demie qui sonnent, et il n'arrive pas. Ah! damnation! malédiction!

Et Dubarry, qui n'était pas présenté ce soir-là, s'en prit à ses cheveux, qu'il fourragea indignement.

— C'est la robe! mon Dieu! c'est la robe! s'écria Chon. Un coiffeur, on en trouverait encore.

— Oh! je vous en défie! Quels coiffeurs trouverez-vous? Des massacres! ah! tonnerre! ah! carnage! ah! mille légions du diable!

La comtesse ne disait rien, mais elle poussait des soupirs qui eussent attendri les Choiseul eux-mêmes, s'ils eussent pu les entendre.

— Voyons, voyons, un peu de calme, dit Chon. Cherchons un coiffeur, retournons chez la faiseuse, pour savoir ce qu'est devenue la robe.

— Pas de coiffeur! murmurait la comtesse mourante, pas de robe! pas de carrosse!

— C'est vrai, pas de carrosse, s'écria Jean; il ne vient pas non plus, le carrosse, et cependant, il devrait être ici. Oh! c'est un complot, comtesse. Est-ce que Sartines n'en fera pas arrêter les auteurs? est-ce que Maupeou ne les fera pas pendre? est-ce qu'on ne brûlera pas les complices en Grève? Je veux faire rouer le coiffeur, tenailler la couturière, écorcher le carrossier.

Pendant ce temps, la comtesse était revenue à elle, mais c'était pour mieux sentir l'horreur de sa position.

— Oh! pour cette fois, je suis perdue, murmurait-elle : les gens qui ont gagné Lubin sont assez riches pour avoir éloigné tous les bons coiffeurs de Paris. Il ne se trouvera plus que des ânes qui me hacheront les cheveux... Et ma robe! ma pauvre robe!... Et mon carrosse tout neuf! qui devait les faire toutes crever de jalousie!...

Dubarry ne répondait rien, il roulait des yeux terribles et s'allait heurter à tous les angles de la chambre, et à chaque fois qu'il rencontrait un meuble, il le brisait en morceaux, puis, si les morceaux lui paraissaient encore trop gros, il les brisait en plus petits.

Au milieu de cette scène de désolation, qui du boudoir s'était répandue dans les antichambres et des antichambres dans la cour, tandis que les laquais, ahuris par vingt ordres différents et contradictoires, allaient, venaient, couraient, se heurtaient, un jeune homme en habit vert-pomme, et veste de satin, en culotte lilas et en bas de soie blancs, descendait d'un cabriolet, franchissait le seuil abandonné de la porte de la rue, traversait la cour, bondissant de pavé en pavé sur les orteils, montait l'escalier et venait frapper à la porte du cabinet de toilette.

Jean était en train de trépigner sur un cabaret de porcelaine de Sèvres que la basque de son habit avait accroché, tandis qu'il évitait la chute d'une grosse potiche japonaise, qu'il avait apostrophée d'un coup de poing.

On entendit doucement, discrètement, modestement frapper trois coups à la porte.

Il se fit un grand silence. Chacun était dans une telle attente, que personne n'osait demander qui était là.

— Pardon, dit une voix inconnue ; mais je désirerais parler à madame la comtesse Dubarry.

— Mais, monsieur, on n'entre point comme cela, cria le suisse, qui avait couru après l'étranger pour l'empêcher de pénétrer plus avant.

— Un instant, un instant, dit Dubarry, il ne peut pas nous arriver pis que ce qui nous arrive. Que lui voulez-vous à la comtesse ?

Et Jean ouvrit la porte d'une main qui eût enfoncé les portes de Gaza.

L'étranger esquiva le choc par un bond en arrière, et, retombant à la troisième position :

— Monsieur, dit-il, je voulais offrir mes services à madame la comtesse Dubarry, qui est, je crois, de cérémonie.

— Et quels services? monsieur.

— Ceux de ma profession.

— Quelle est votre profession?

— Je suis coiffeur.

Et l'étranger fit une seconde révérence.

— Ah! s'écria Jean, en sautant au cou du jeune homme. Ah! vous êtes coiffeur. Entrez, mon ami, entrez!

— Venez, mon cher monsieur, venez, dit Chon, saisissant à bras le corps le jeune homme éperdu.

— Un coiffeur! s'écria madame Dubarry en levant les mains au ciel. Un coiffeur! Mais c'est un ange. Êtes-vous envoyé par Lubin, monsieur?

— Je ne suis envoyé par personne. J'ai lu dans une gazette que madame la comtesse était présentée ce soir, et je me suis dit : Tiens, si par hasard madame la comtesse n'avait pas de coiffeur, ce n'est pas probable, mais c'est possible, et je suis venu.

— Comment vous nommez-vous, dit la comtesse un peu refroidie.

— Léonard, madame.

— Léonard, vous n'êtes pas connu?

— Pas encore. Mais si madame accepte mes services, je le serai demain.

— Hum! hum! fit Jean, c'est qu'il y a coiffer et coiffer.

— Si madame se défie trop de moi, dit-il, je me retirerai.

— C'est que nous n'avons pas le temps d'essayer, dit Chon.

— Et pourquoi essayer ! s'écria le jeune homme dans un moment d'enthousiasme et après avoir fait le tour de madame Dubarry. Je sais bien qu'il faut que madame attire tous les yeux par sa coiffure. Aussi, depuis que je contemple madame, ai-je inventé un tour qui fera, j'en suis certain, le plus merveilleux effet.

Et le jeune homme fit de la main un geste plein de confiance en lui-même, qui commença à ébranler la comtesse et à faire rentrer l'espoir dans le cœur de Chon et de Jean.

— Ah! vraiment, dit la comtesse, émerveillée de l'aisance du jeune homme, qui prenait des poses de hanches comme aurait pu le faire le grand Lubin lui-même.

— Mais, avant tout, il faudrait que je visse la robe de madame pour harmonier les ornements.

— Oh! ma robe! s'écria madame Dubarry, rappelée à la terrible réalité, ma pauvre robe!

Jean se frappa le front.

— Ah! c'est vrai! dit-il. — Monsieur, imaginez-vous un guet-apens odieux!....

on l'a volée; robe, couturière, tout! — Chon! ma bonne Chon!

Et Dubarry, las de s'arracher les cheveux, se mit à sangloter.

— Si tu retournais chez elle, Chon? dit la comtesse.

— A quoi bon, dit Chon, puisqu'elle était partie pour venir ici.

— Hélas! murmura la comtesse en se renversant sur son fauteuil, hélas! A quoi me sert un coiffeur, si je n'ai pas de robe.

En ce moment, la cloche de la porte retentit. Le suisse, de peur qu'on ne s'introduisît encore, comme on venait de le faire, avait fermé tous les battants, et derrière tous les battants, poussé tous les verroux.

— On sonne, dit madame Dubarry.

Chon s'élança aux fenêtres.

— Un carton ! s'écria-t-elle.

— Un carton ! répéta la comtesse. Entre-t-il ?

— Oui, non, si... on le remet au suisse.

— Courez, Jean, courez au nom du ciel.

Jean se précipita par les montées, devança tous les laquais, arracha le carton des mains du suisse.

Chon le regardait à travers les vitres.

Il ouvrit le couvercle du carton, plongea la main dans ses profondeurs et poussa un hurlement de joie.

Il renfermait une admirable robe de satin de Chine avec des fleurs découpées et tout une garniture de dentelles d'un prix immense.

— Une robe! une robe! cria Chon en battant des mains.

— Une robe! répéta madame Dubarry, prête à succomber à la joie, comme elle avait failli succomber à la douleur.

— Qui t'a remis cela, maroufle? demanda Jean au suisse.

— Une femme, monsieur.

— Mais quelle femme ?

— Je ne la connais pas.

— Où est-elle ?

— Monsieur, elle a posé ce carton en travers de ma porte, m'a criée : — Pour madame la comtesse ! — est remontée dans le cabriolet qui l'avait amenée, et est repartie de toute la vitesse du cheval.

— Allons ! dit Jean, voilà une robe, c'est le principal.

— Mais montez donc Jean ! cria Chon, ma sœur pâme d'impatience.

— Tenez, dit Jean, regardez, voyez, admirez, voilà ce que le ciel nous envoie.

— Mais elle ne m'ira point, elle ne pourra m'aller, elle n'a pas été faite pour moi. Mon Dieu! mon Dieu! quel malheur! car enfin elle est bien jolie.

Chon prit rapidement une mesure.

— Même longeur, dit-elle, même largeur de taille.

— L'admirable étoffe, dit Dubarry.

— C'est fabuleux! dit Chon.

— C'est effrayant! dit la comtesse.

— Mais au contraire, dit Jean, cela

prouve que si vous avez de grands ennemis, vous avez en même temps des amis bien dévoués.

— Ce ne peut être un ami, dit Chon, car comment eût-il été prévenu de ce qui se tramait contre nous? Il faut que ce soit quelque sylphe, quelque lutin.

— Que ce soit le diable! s'écria madame Dubarry, peu m'importe, pourvu qu'il m'aide à combattre les Grammont; il ne sera jamais aussi diable que ces gens-là!

— Et maintenant, dit Jean, j'y pense.

— Que pensez-vous?

— Que vous pouvez livrer en toute confiance votre tête à monsieur.

— Qui vous donne cette assurance?

— Pardieu! il a été prévenu par le même ami qui nous a envoyé la robe.

— Moi? fit Léonard avec une surprise naïve.

— Allons! allons! dit Jean, comédie que cette histoire de gazette, n'est-ce pas, mon cher monsieur?

— C'est la vérité pure, monsieur le vicomte.

— Allons, avouez, dit la comtesse.

— Madame, voici la feuille dans ma poche ; je l'ai conservée pour faire des papillottes.

Le jeune homme tira en effet de la poche de sa veste une gazette dans laquelle était annoncée la présentation.

— Allons allons, à l'œuvre, dit Chon ; voilà huit heures qui sonnent.

— Oh ! nous avons tout le temps, dit le coiffeur ; il faut une heure à madame pour aller.

— Oui, si nous avions une voiture, dit la comtesse.

—Oh! mordieu! c'est vrai, dit Jean; et cette canaille de Francian qui n'arrive pas.

—N'avons-nous pas été prévenus, dit la comtesse : ni coiffeur, ni robe, ni carrosse!

— Oh! dit Chon épouvantée, nous manquerait-il aussi de parole?

— Non, dit Jean, non, le voilà.

— Et le carrosse? le carrosse? dit la comtesse.

— Il sera resté à la porte, dit Jean. Le suisse va ouvrir; il va ouvrir. Mais qu'a donc le carrossier?

En effet, presqu'au même instant, maître Francian s'élança tout effaré dans le salon.

— Ah! monsieur le vicomte! s'écria-t-il, le carrosse de madame était en route pour l'hôtel, quand, au détour de la rue Traversière, il a été arrêté par quatre hommes qui ont terrassé mon premier garçon qui vous l'amenait, et qui, mettant les chevaux au galop, ont disparu par la rue Saint-Nicaise.

— Quand je vous le disais, fit Dubarry radieux sans se lever du fauteuil où il était assis en voyant entrer le carrossier, quand je vous le disais.

— Mais c'est un attentat, cela! cria

Chon. Mais remuez-vous donc, mon frère.

— Me remuer, moi; et pourquoi faire?

— Mais pour nous trouver une voiture, il n'y a ici que des chevaux éreintés et des carrosses sales. Jeanne ne peut pas aller à Versailles dans de pareilles brouettes.

— Bah ! dit Dubarry, celui qui met un frein à la fureur des flots, qui donne la pâture aux oisillons, qui envoie un coiffeur comme monsieur, une robe comme celle-là, ne nous laissera pas en chemin faute d'un carrosse.

— Eh! tenez dit Chon, en voilà un qui roule.

— Et qui s'arrête même, reprit Dubarry.

— Oui, mais il n'entre pas, dit la comtesse.

— Il n'entre pas? c'est cela, dit Jean:

Puis sautant à la fenêtre qu'il ouvrit:

— Courez, mordieu! cria-t-il, courez ou vous arriverez trop tard. Alerte! alerte, que nous connaissions au moins notre bienfaiteur.

Les valets, les piqueurs, les grisons, se précipitèrent, mais il était déjà trop tard.

Un carrosse doublé de satin blanc, et attelé de deux magnifiques chevaux bais, était devant la porte.

Mais de cocher, mais de laquais pas de traces, un simple commissionnaire maintenait les chevaux par le mors.

Le commissionnaire avait reçu six livres de celui qui les avait amenés et qui s'était enfui du côté de la Cour des Fontaines.

On interrogea les panneaux; mais une main rapide avait remplacé les armoiries par une rose.

— Toute cette contre-partie de la mésaventure n'avait pas duré une heure.

Jean fit entrer le carrosse dans la cour, ferma la porte sur lui et prit la clef de la porte.

Puis il remonta dans le cabinet de toilette où le coiffeur s'apprêtait à donner à la comtesse les premières preuves de sa science.

— Monsieur! s'écria-t-il en saisissant le bras de Léonard, si vous ne nous nommez pas notre génie protecteur, si vous ne le signalez pas à notre reconnaissance éternelle je jure...

— Prenez garde, monsieur le vicomte, interrompit flegmatiquement le jeune homme, vous me faites l'honneur de me serrer le bras si fort que j'aurai la main tout engourdie quand il s'agira de coiffer madame la comtesse ; or, nous sommes pressés, voici huit heures et demie qui sonnent.

— Lâchez, Jean ! lâchez ! cria la comtesse.

Jean retomba dans un fauteuil.

— Miracle ! dit Chon ! miracle ! la robe est d'une mesure parfaite... un pouce de trop long par devant, voilà tout ! mais dans dix minutes le défaut sera corrigé.

— Et le carrosse, comment est-il ?... présentable ? demanda la comtesse.

— Du plus grand goût... je suis monté dedans, répondit Jean : il est garni de satin blanc, et parfumé d'essence de rose.

— Alors, tout va bien, cria madame Dubarry en frappant ses petites mains l'une contre l'autre. Allez, monsieur Léonard ; si vous réussissez, votre fortune est faite.

Léonard ne se le fit pas dire à deux fois il s'empara de la tête de madame Dubarry et, au premier coup de peigne, révéla un talent supérieur.

Rapidité, goût, précision, merveilleuse, entente des rapports du moral avec le physique, il déploya tout dans l'accomplissement de cette importante fonction.

Au bout de trois quarts d'heure, madame Dubarry sortit de ses mains plus séduisante que la déesse Aphrodite, car elle était beaucoup moins nue, et n'était pas moins belle.

Lorsqu'il eut donné le dernier tour à cet édifice splendide, lorsqu'il en eut éprouvé la solidité, lorsqu'il eut demandé de l'eau pour ses mains et humblement remercié Chon qui, dans sa joie, le servait comme un monarque, il voulut se retirer.

— Ah ! monsieur, dit Dubarry, vous saurez que je suis aussi entêté dans mes amours que dans mes haines. J'espère donc maintenant que vous voudrez bien me dire qui vous êtes.

— Vous le savez déjà, monsieur, je suis un jeune homme qui débute et je m'appelle Léonard.

— Qui débute ! Sangbleu, vous êtes passé maître, monsieur.

— Vous serez mon coiffeur, monsieur Léonard, dit la comtesse en se mirant dans une petite glace à main, et je vous paierai chaque coiffure de cérémonie cinquante louis. Chon, compte cent louis à monsieur pour la première, il y en aura cinquante de denier à Dieu.

— Je vous le disais bien, madame, que vous feriez ma réputation.

— Mais vous ne coifferez que moi.

—Alors gardez vos cent louis, madame, dit Léonard, je veux ma liberté, c'est à elle que je dois d'avoir eu l'honneur de vous coiffer aujourd'hui. La liberté est le premier des biens de l'homme.

— Un coiffeur philosophe! s'écria Dubarry, en levant les deux mains au ciel, où allons-nous, Seigneur mon Dieu, où allons-nous? Eh bien! mon cher monsieur Léonard, je ne veux pas me brouiller avec vous, prenez vos cent louis, et gardez votre secret et votre liberté. En voiture, comtesse, en voiture.

Ces mots s'adressaient à madame de

Béarn qui entrait raide et parée comme une madone dans une châsse, et qu'on venait de tirer de son cabinet juste au moment de s'en servir.

— Allons, allons, dit Jean, qu'on prenne madame à quatre et qu'on la porte doucement au bas des degrés. Si elle pousse un seul soupir, je vous fais étriller.

Pendant que Jean surveillait cette délicate et importante manœuvre, dans laquelle Chon le secondait en qualité de lieutenant, madame Dubarry cherchait des yeux Léonard.

Léonard avait disparu.

— Mais par où donc est-il passé? murmura madame Dubarry, encore mal revenue de tous les étonnements successifs qu'elle venait d'éprouver.

— Par où il est passé, mais par le parquet ou par le plafond, c'est par là que passent les génies. Maintenant, comtesse, prenez bien garde que votre coiffure ne devienne un pâté de grives, que votre robe ne se change en toile d'araignée, et que nous n'arrivions à Versailles dans un potiron traîné par deux rats.

Ce fut sur l'énonciation de cette dernière crainte que le vicomte Jean monta à son tour dans le carrosse où avaient déjà pris place madame la comtesse de Béarn et sa bienheureuse filleule.

VI

La Présentation.

Versailles, comme tout ce qui est grand, est et sera toujours beau.

Que la mousse ronge ses pierres abattues, que ses dieux de plomb, de bronze ou de marbre, gisent disloqués dans ses bassins sans eau, que ses grandes allées d'arbres taillés s'en aillent échevelées vers le ciel, il y aura toujours, fût-ce dans les ruines, un spectacle pompeux et saisissant pour le rêveur ou pour le poète qui, du grand balcon, regardera les horizons éternels après avoir regardé les splendeurs éphémères.

Mais c'était surtout dans sa vie et dans sa gloire que Versailles était splendide à voir. Quand un peuple sans armes, contenu par un peuple de soldats brillants, battait de ses flots les grilles dorées ; quand les carrosses de velours, de soie et de satin, aux fières armoiries, roulaient sur le pavé sonore, aux galops de leurs chevaux fringants; quand toutes les fenêtres, illuminées comme celles d'un palais enchanté, laissaient voir un monde resplendissant de diamants, de rubis, de saphirs, que le geste d'un seul homme courbait comme fait le vent d'épis d'or entremêlés de blanches marguerites, de coquelicots de pourpre et de bleuets d'azur; oui, Versailles était beau, surtout quand il lançait par toutes ses portes des courriers à toutes les puissances, et quand les rois, les princes, les seigneurs, les officiers, les savants du monde civilisé foulaient ses riches tapis et ses mosaïques précieuses.

Mais c'était surtout lorsqu'il se parait

pour une grande cérémonie, quand les somptuosités du garde-meuble et les grandes illuminations doublaient la magie de ses richesses, que Versailles avait de quoi fournir aux esprits les plus froids une idée de tous les prodiges que peuvent enfanter l'imagination et la puissance humaine.

Telle était la cérémonie de réception d'un ambassadeur, telle aussi, pour les simples gentilshommes, la cérémonie de la présentation. Louis XIV, créateur de l'étiquette, qui renfermait chacun dans un espace infranchissable, avait voulu que l'initiation aux splendeurs de sa vie royale frappât les élus d'une telle vénération, que jamais ils ne considérassent le palais du roi que comme un temple dans lequel ils avaient le droit de venir adorer le Dieu couronné à une place plus ou moins près de l'autel.

Ainsi, Versailles, déjà dégénéré sans doute, mais resplendissant encore, avait ouvert toutes ses portes, allumé tous ses flambeaux, mis à jour toutes ses magnificences pour la présentation de madame Dubarry. Le peuple des curieux, peuple affamé, peuple misérable, mais qui oubliait, chose étrange! sa misère et sa faim à l'aspect de tant d'éblouissements, le peuple garnissait toute la place d'Armes et toute l'avenue de Paris. Le château lançait le feu par toutes ses fenêtres, et ses girandoles ressemblaient de loin à des astres nageant dans une poussière d'or.

Le roi sortit de ses appartements à dix heures précises. Il était paré plus que de coutume, c'est-à-dire que ses dentelles étaient plus riches, et que les boucles seules de ses jarretières et de ses souliers valaient un million.

Il avait été instruit par M. de Sartines de la conspiration tramée la veille entre les dames jalouses; aussi son front était-il soucieux; il tremblait de ne voir que des hommes dans la galerie.

Mais il fut bientôt rassuré quand, dans le salon de la reine, destiné spécialement aux présentations, il vit dans un nuage de dentelles et de poudre où fourmillaient les diamants, d'abord ses trois filles, puis la maréchale de Mirepoix, qui avait fait tant de bruit la veille; enfin, toutes les turbulentes qui avaient juré de rester chez elles, et qui se trouvaient là au premier rang.

M. le duc de Richelieu courait comme un général de l'une à l'autre, et leur disait :

— Ah! je vous y prends, perfide!

Ou bien :

— Que j'étais certain de votre défection!

Ou bien encore :

— Que vous disais-je à propos des conjurations ?

— Mais vous-même, duc ? répondaient les dames.

— Moi, je représentais ma fille, je représentais la comtesse d'Egmont. Cherchez, Septimanie n'y est point; elle seule a tenu bon avec madame de Grammont et madame de Guéménée, aussi je suis sûr de mon affaire. Demain, j'entre dans mon cinquième exil ou ma quatrième Bastille. Décidément, je ne conspire plus.

Le roi parut. Il se fit un grand silence

au milieu duquel on entendit sonner dix heures, l'heure solennelle. Sa Majesté était entourée d'une cour nombreuse. Il y avait près d'elle plus de cinquante gentilshommes, qui ne s'étaient point juré de venir à la présentation, et par cette raison, probablement, étaient tous présents.

Le roi remarqua, tout d'abord, que madame de Grammont, madame de Guéménée et madame d'Egmont manquaient à cette splendide assemblée.

Il s'approcha de M. de Choiseul, qui affectait un grand calme, et qui, malgré ses efforts, n'arrivait qu'à une fausse indifférence.

— Je ne vois pas madame la duchesse de Grammont ici? dit-il.

— Sire, répondit M. de Choiseul, ma sœur est malade, et m'a chargé d'offrir à Sa Majesté ses très-humbles respects.

Tant pis! fit le roi ; et il tourna le dos à M. de Choiseul.

En se retournant, il se trouva en face du prince de Guéménée.

— Et madame la princesse de Guéménée, dit-il, où est-elle donc? Ne l'avez-vous pas amenée, prince?

— Impossible, Sire, la princesse est

malade; en allant la prendre chez elle, je l'ai trouvée au lit.

— Ah! tant pis! tant pis! dit le roi. Ah! voici le maréchal. Bonsoir, duc.

— Sire, fit le vieux courtisan en s'inclinant avec la souplesse d'un jeune homme.

— Vous n'êtes pas malade, vous, dit le roi assez haut pour que MM. de Choiseul et de Guéménée l'entendissent.

— Chaque fois, Sire, répondit le duc de Richelieu, qu'il s'agit pour moi du bonheur de voir Votre Majesté, je me porte à merveille.

— Mais, dit le roi en regardant autour de lui, votre fille, madame d'Egmont, d'où vient donc qu'elle n'est pas ici ?

Le duc, voyant qu'on l'écoutait, prit un air de profonde tristesse :

— Hélas! Sire, ma pauvre fille est bien privée de ne pouvoir avoir l'honneur de mettre ses très-humbles hommages aux pieds de Votre Majesté; ce soir, surtout; mais, malade, Sire, malade...

— Tant pis! dit le roi. Malade! madame d'Egmont, la plus belle santé de France. Tant pis! tant pis!

Et le roi quitta M. de Richelieu comme

il avait quitté M. de Choiseul et M. de Guéménée.

Puis, il accomplit le tour de son salon, complimentant surtout madame de Mirepoix qui ne se sentait pas d'aise.

— Voilà le prix de la trahison, dit le maréchal à son oreille; demain, vous serez comblée d'honneurs, tandis que nous!.... je frémis d'y penser.

Et le duc poussa un soupir.

— Mais il me semble que vous-même n'avez pas mal trahi les Choiseul, puisque vous voici... Vous aviez juré...

— Pour ma fille, maréchale, pour ma

pauvre Septimanie! La voilà disgraciée pour avoir été trop fidèle.

— A son père! répliqua la maréchale.

Le duc fit semblant de ne pas entendre cette réponse, qui pouvait passer pour une épigramme.

— Mais, dit-il, ne vous semble-t-il pas, maréchale, que le roi est inquiet?

— Dam! il y a de quoi.

— Comment?

— Dix heures un quart.

— Ah! c'est vrai, et la comtesse ne vient

pas. Tenez, maréchale, voulez-vous que je vous dise?

— Dites.

— J'ai une crainte.

— Laquelle?

— C'est qu'il ne soit arrivé quelque chose de fâcheux à cette pauvre comtesse. Vous devez savoir cela, vous?

— Pourquoi, moi?

— Sans doute, vous nagiez dans la conspiration jusqu'au cou.

— Eh bien ! répondit la maréchale, en confidence, duc, j'en ai peur comme vous.

— Notre amie la duchesse est une rude antagoniste qui blesse en fuyant, à la manière des Parthes, or elle a fui. Voyez comme M. de Choiseul est inquiet, malgré sa volonté de paraître tranquille; tenez, il ne peut demeurer en place, il ne perd pas de vue le roi. Voyons, ils ont tramé quelque chose? Avouez-moi cela?

— Je ne sais rien, duc, mais je suis de votre avis.

— Où cela les mènera-t-il?

— A un retard, cher duc, et vous savez le proverbe: « A tout gagné qui gagne du temps. » Demain, un événement imprévu peut arriver, qui retarde indéfiniment cette présentation. La Dauphine arrive peut-être demain à Compiègne, au lieu d'arriver dans quatre jours. On aura voulu gagner demain, peut-être !

— Maréchale, savez-vous que votre petit conte m'a tout l'air d'une réalité. Elle n'arrive pas, sangbleu !

— Et voilà le roi qui s'impatiente, regardez.

— C'est la troisième fois qu'il s'approche de la fenêtre. Le roi souffre réellement.

— Alors ce sera bien pis tout à l'heure.

— Comment cela ?

— Écoutez. Il est dix heures vingt minutes?

— Oui.

— Je puis vous dire cela maintenant.

— Eh bien?

La maréchale regarda autour d'elle; puis à voix basse :

— Eh bien ! elle ne viendra pas.

— Ah! bon Dieu, maréchale! mais ce sera un scandale abominable.

— Matière à procès, duc, à procès criminel.... capital..... car il y aura dans tout cela, je le sais de bon lieu, enlèvement, violence, lèse-majesté même si l'on veut. Les Choiseul ont joué le tout pour le tout.

— C'est bien imprudent à eux.

— Que voulez-vous, la passion les aveugle.

— Voilà l'avantage de ne pas être passionné, d'être comme nous, maréchale ; on y voit clair, au moins.

— Tenez, voilà le roi qui s'approche encore une fois de la fenêtre.

En effet, Louis XV, assombri, anxieux, irrité, s'approcha de la croisée et appuya sa main à l'espagnolette ciselée et son front aux vitres fraîches.

Pendant ce temps, on entendait bruire, comme un cliquetis de feuillage avant la tempête, les conversations des courtisans.

Tous les yeux allaient de la pendule au roi.

La pendule sonna la demie. Son timbre pur sembla pincer l'acier, et la vibration s'éteignit frémissante dans la vaste salle.

M. de Maupeou s'approcha du roi.

— Beau temps, Sire, dit-il timidement.

— Superbe, superbe. — Comprenez-vous quelque chose à cela, monsieur de Maupeou?

— A quoi, Sire?

— A ce retard. — Pauvre comtesse!

— Il faut qu'elle soit malade, Sire, dit le chancelier.

— Cela se conçoit que madame de Grammont soit malade, que madame de Guéménée soit malade, que madame d'Egmont soit malade aussi; mais la comtesse malade, cela ne se conçoit pas!

— Sire, une forte émotion peut rendre malade, la joie de la comtesse était si grande!

— Ah! c'est fini, dit Louis XV en secouant la tête, c'est fini ; maintenant, elle ne viendra plus.

Quoique le roi eût prononcé ces derniers mots à voix basse, il se faisait un silence tel, qu'ils furent entendus par presque tous les assistants.

Mais ils n'avaient pas encore eu le temps d'y répondre, même par la pensée, qu'un grand bruit de carrosses retentit sous la voûte.

Tous les fronts oscillèrent, tous les yeux s'interrogèrent mutuellement.

Le roi quitta la fenêtre et s'alla poster

au milieu du salon pour voir par l'enfilade de la galerie.

— J'ai bien peur que ce ne soit quelque fâcheuse nouvelle qui nous arrive, dit la maréchale à l'oreille du duc, qui dissimula un fin sourire.

Mais soudain la figure du roi s'épanouit, l'éclair jaillit de ses yeux.

— Madame la comtesse Dubarry! cria l'huissier au grand-maître des cérémonies.

— Madame la comtesse de Béarn!

Ces deux noms firent bondir tous les cœurs sous des sensations bien opposées.

Un flot de courtisans, invinciblement entraîné par la curiosité, s'avança vers le roi.

Madame de Mirepoix se trouva être la plus proche de Louis XV.

— Oh! qu'elle est belle! qu'elle est belle! s'écria la maréchale en joignant les mains comme si elle était prête à entrer en adoration.

Le roi se retourna et sourit à la maréchale.

— Ce n'est pas une femme, dit le duc de Richelieu, c'est une fée.

Le roi envoya la fin de son sourire à l'adresse du vieux courtisan.

En effet, jamais la comtesse n'avait été si belle, jamais pareille suavité d'expression, jamais émotion mieux jouée, regard plus modeste, taille plus noble, démarche plus élégante, n'avaient excité l'admiration dans le salon de la reine, qui cependant, comme nous l'avons dit, était le salon des présentations.

Belle à charmer, riche sans faste, coiffée à ravir surtout, la comtesse s'avançait, tenue par la main de madame de Béarn, qui, malgré d'atroces souffrances, ne boitait pas, ne sourcillait pas, mais dont le rouge se détachait par atomes desséchés, tant la vie se retirait de son visage, tant chaque fibre tressaillait douloureusement en elle au moindre mouvement de sa jambe blessée.

Tout le monde arrêta les yeux sur le groupe étrange.

La vieille dame, décolletée comme au temps de sa jeunesse, avec sa coiffure d'un pied de haut, ses grands yeux caves et brillants comme ceux d'une orfraie, sa toilette magnifique et sa démarche de squelette, semblait l'image du temps passé donnant la main au temps présent.

Cette dignité sèche et froide guidant cette grâce voluptueuse et décente, frappa d'admiration, et d'étonnement surtout, la plupart des assistants.

Il sembla au roi, tant le contraste était vivant, que madame de Béarn lui amenait sa maîtresse plus jeune, plus fraîche, plus riante que jamais il ne l'avait vue.

Aussi, au moment où, suivant l'étiquette, la comtesse pliait le genou pour baiser la main du roi, Louis XV la saisit par le bras, et la releva d'un seul mot, qui fut la récompense de ce qu'elle avait souffert depuis quinze jours.

— A mes pieds, comtesse! dit le roi; vous riez!... C'est moi qui devrais et qui surtout voudrais être aux vôtres.

Puis le roi ouvrit les bras, comme c'était le cérémonial; mais, au lieu de faire semblant d'embrasser, cette fois, il embrassa réellement.

— Vous avez là une bien belle filleule, madame, dit-il à madame de Béarn; mais aussi elle a une noble marraine, que je suis on ne peut plus aise de revoir à ma cour.

La vieille dame s'inclina.

— Allez saluer mes filles, comtesse, dit tout bas le roi à madame Dubarry, et montrez-leur que vous savez faire la révérence. J'espère que vous ne serez point mécontente de celle qu'elles vous rendront.

Les deux dames continuèrent leur marche au milieu d'un grand espace vide, qui se formait autour d'elles à mesure qu'elles avançaient, mais que les regards scintillants semblaient emplir de flammes brûlantes.

Les trois filles du roi, voyant madame Dubarry s'approcher d'elles, se levèrent comme des ressorts et attendirent.

Louis XV veillait. Ses yeux fixés sur Mesdames, leur enjoignaient la plus favorable politesse.

Mesdames, un peu émues, rendirent la révérence à madame Dubarry, laquelle s'inclina beaucoup plus bas que l'étiquette ne l'ordonnait, ce qui fut trouvé du meilleur goût, et toucha tellement les princesses qu'elles l'embrassèrent comme avait fait le roi, et avec une cordialité dont le roi parut enchanté.

Dès lors, le succès de la comtesse devint un triomphe, et il fallut que les plus lents ou les moins adroits des courtisans attendissent une heure avant de faire parvenir leurs saluts à la reine de la fête.

Celle-ci, sans morgue, sans colère, sans récrimination, accueillit toutes les avances et sembla oublier toutes les trahisons. Et il n'y avait rien de joué dans cette bienveillance magnanime, son cœur débordait de joie et n'avait plus de place pour un seul sentiment haineux.

M. de Richelieu n'était pas pour rien le vainqueur de Mahon ; il savait manœuvrer. Tandis que les courtisans vulgaires se tenaient, pendant les révérences, à leur place et attendaient l'issue de la présentation pour encenser ou dénigrer l'idole, le maréchal avait été prendre position derrière le siége de la comtesse, et, pareil au guide de cavalerie qui va se planter à cent toises dans la plaine pour attendre le déploiement d'une file à son point juste de conversion, le duc attendait madame Dubarry, et devait naturellement se trouver près d'elle sans être foulé. Madame de Mirepoix, de son côté, connaissant le bonheur que son ami avait toujours eu à la guerre, avait imité cette manœuvre, et avait insensiblement rapproché son tabouret de celui de la comtesse.

Les conversations s'établirent dans chaque groupe, et toute la personne de madame Dubarry fut passée à l'étamine.

La comtesse, soutenue par l'amour du roi, par l'accueil gracieux de Mesdames et par l'appui de sa marraine, promenait un regard moins timide sur les hommes placés autour du roi, et, certaine de sa position, cherchait ses ennemies parmi les femmes.

Un corps opaque interrompit la perspective.

— Ah ! monsieur le duc, dit-elle, il fallait que je vinsse ici pour vous rencontrer.

— Comment cela, madame? demanda le duc.

— Oui, il y a quelque chose comme huit jours qu'on ne vous a vu, ni à Versailles, ni à Paris, ni à Luciennes.

— Je me préparais au plaisir de vous

voir ici ce soir, répliqua le vieux courtisan.

— Vous le prévoyiez peut-être?

— J'en étais certain.

— Voyez-vous! En vérité, duc, quel homme vous faites; avoir su cela et ne pas m'en avoir prévenue, moi, votre amie, moi, qui n'en savais rien.

— Comment cela, madame, dit le duc, vous ne saviez point que vous dussiez venir ici?

— Non. J'étais à peu près comme Esope, quand un magistrat l'arrêta dans la rue. « Où allez-vous? lui demanda-t-il.—

Je n'en sais rien, répondit le fabuliste. — Ah! vraiment! en ce cas, vous irez en prison. — Vous voyez bien que je ne savais pas où j'allais. » De même, duc, je pouvais croire aller à Versailles, mais je n'en étais pas assez sûre pour le dire. Voilà pourquoi vous m'eussiez rendu service en me venant voir... mais... vous viendrez à présent, n'est-ce pas?

— Madame, dit Richelieu, sans paraître ému le moins du monde de la raillerie, je ne comprends pas bien pourquoi vous n'étiez pas sûre de venir ici.

— Je vais vous le dire : parce que j'étais entourée de piéges.

Et elle regarda fixement le duc, qui soutint ce regard imperturbablement.

— De piéges! ah bon Dieu! que me dites-vous là, comtesse?

— D'abord, on m'a volé mon coiffeur?

— Oh! oh! votre coiffeur.

— Oui!

— Que ne m'avez-vous fait dire cela; je vous eusse envoyé, — mais parlons bas, je vous prie, — je vous eusse envoyé une perle, un trésor, que madame d'Egmont a déterré, un artiste bien supérieur à tous les perruquiers, à tous les coiffeurs royaux, mon petit Léonard?

— Léonard! s'écria madame Dubarry.

— Oui; un petit jeune homme qui coiffe Septimanie et qu'elle cache à tous les yeux, comme Harpagon fait de sa cassette. Du reste, il ne faut pas vous plaindre, comtesse; vous êtes coiffée à merveille, et belle à ravir; et, chose singulière, le dessin de ce tour ressemble au croquis que madame d'Egmont demanda hier à Boucher, et dont elle comptait se servir pour elle-même, si elle n'avait point été malade. Pauvre Septimanie!

La comtesse tressaillit et regarda le duc plus fixement encore; mais le duc restait souriant et impénétrable.

— Mais pardon comtesse, je vous ai interrompu, vous parliez de piéges?...

— Oui, après m'avoir volé mon coiffeur, on m'a soustrait ma robe, une robe charmante.

— Oh! voilà qui est odieux; mais de fait, vous pouviez vous passer de celle qu'on vous a soustraite; car je vous vois habillée d'une étoffe miraculeuse... c'est de la soie de Chine, n'est-ce pas, avec des fleurs appliquées? Eh bien! si vous vous fussiez adressé à moi dans votre embarras, comme il faut le faire à l'avenir, je vous eusse envoyé la robe que ma fille avait fait faire pour sa présentation, et qui était tellement pareille à celle-ci, que je jugerais que c'est la même.

Madame Dubarry saisit les deux mains du duc, car elle commençait à comprendre quel était l'enchanteur qui l'avait tirée d'embarras.

— Savez-vous dans quelle voiture je suis venue, duc? lui dit-elle.

— Non! dans la vôtre, probablement.

— Duc, on m'avait enlevé ma voiture, comme ma robe, comme mon coiffeur.

— Mais c'était donc un guet-apens général? Dans quelle voiture êtes-vous donc venue?

— Dites-moi d'abord comment est la voiture de madame d'Egmont.

—Ma foi! je crois que, dans la prévision de cette soirée, elle s'était commandé une voiture doublée de satin blanc. Mais on n'a pas eu le temps d'y peindre ses armes.

— Oui, n'est-ce pas, une rose est bien plus vite faite qu'un écusson. Les Richelieu et les d'Egmont ont des armes fort compliquées. Tenez, duc, vous êtes un homme adorable.

Et elle lui tendit ses deux mains, dont le vieux courtisan se fit un masque tiède et parfumé.

Tout à coup, au milieu des baisers dont il les couvrait, le duc sentit tressaillir les mains de madame Dubarry.

— Qu'est-ce? demanda-t-il en regardant autour de lui.

— Duc... dit la comtesse avec un regard égaré.

— Eh bien?

— Quel est donc cet homme, là-bas, près de M. de Guéménée?

—Cet habit d'officier prussien?

— Oui.

— Cet homme brun, aux yeux noirs, à la figure expressive?

— Comtesse, c'est quelque officier supérieur que Sa Majesté le roi de Prusse envoie ici sans doute pour faire honneur à votre présentation.

— Ne riez pas, duc, cet homme est déjà venu en France il y a trois ou quatre ans; cet homme, que je n'avais pas pu retrouver, que j'ai cherché partout, je le connais.

Vous faites erreur, comtesse; c'est le comte de Fenix, un étranger, arrivé d'hier ou d'avant-hier seulement.

— Voyez, comme il me regarde, duc.

— Tout le monde vous regarde, madame : vous êtes si belle !

— Il me salue, il me salue, voyez-vous?

— Tout le monde vous saluera, si tous ne vous ont déjà saluée, comtesse.

Mais la comtesse, en proie à une émotion extraordinaire, n'écoutait point les galanteries du duc, et les yeux rivés sur l'homme qui avait captivé son attention, elle quitta comme malgré elle, son interlocuteur pour faire quelques pas vers l'inconnu.

Le roi, qui ne la perdait pas de vue,

remarqua ce mouvement; il crut qu'elle réclamait sa présence, et, comme il avait assez longtemps gardé les bienséances en se tenant éloigné d'elle, il s'approcha pour la féliciter.

Mais la préoccupation qui s'était emparé de la comtesse était trop forte pour que son esprit se détournât vers un autre objet.

— Sire, dit-elle, quel est donc cet officier prussien qui tourne le dos à M. de Guéménée?

— Et qui nous regarde en ce moment? demanda Louis XV.

— Oui, répondit la comtesse.

— Cette forte figure, cette tête carrée, encadrée dans un collet d'or?

— Oui, oui, justement.

— Un accrédité de mon cousin de Prusse... quelque philosophe comme lui. Je l'ai fait venir ce soir. Je voulais que la philosophie prussienne consacrât le triomphe de Cotillon III par ambassadeur.

— Mais son nom, Sire?

— Attendez, — le roi chercha; — ah! c'est cela: le comte de Fenix.

— C'est lui! murmura madame Dubarry, c'est lui, j'en suis sûre!

Le roi attendit encore quelques secondes pour donner le temps à madame Dubarry de lui faire de nouvelles questions; mais voyant qu'elle gardait le silence:

— Mesdames, dit-il en élevant la voix, c'est demain que Madame la Dauphine arrive à Compiègne. S. A. R. sera reçue à midi précis: toutes les dames *présentées* seront du voyage, excepté pourtant celles qui sont malades; car le voyage est fatigant, et madame la Dauphine ne voudrait pas aggraver les indispositions.

Le roi prononça ces mots en regardant avec sévérité M. de Choiseul, M. de Guéménée et M. de Richelieu.

Il se fit autour du roi un silence de terreur. Le sens des paroles royales avait été bien compris: c'était la disgrâce.

— Sire, dit madame Dubarry, qui était restée aux côtés du roi, je vous demande grâce en faveur de madame la comtesse d'Egmont.

— Et pourquoi, s'il vous plaît?

— Parce qu'elle est la fille de M. le duc de Richelieu, et que M. de Richelieu est mon plus fidèle ami.

— Richelieu?

J'en suis certaine, Sire.

— Je ferai ce que vous voudrez, comtesse, dit le roi.

Et s'approchant du maréchal qui n'avait pas perdu de vue un seul mouvement des lèvres de la comtesse, et qui avait, sinon entendu, du moins deviné ce qu'elle venait de dire : J'espère, mon cher duc, dit-il, que madame d'Egmont sera rétablie pour demain ?

— Certainement, Sire. Elle le sera pour ce soir, si Votre Majesté le désire.

Et Richelieu salua le roi de façon à ce que son hommage s'adressât à la fois au respect et à la reconnaissance.

Le roi se pencha à l'oreille de la comtesse et lui dit un mot tout bas.

— Sire, répondit celle-ci avec une révérence accompagnée d'un adorable sourire, je suis votre obéissante sujette.

Le roi salua tout le monde de la main et se retira chez lui.

A peine avait-il franchi le seuil du salon, que les yeux de la comtesse se reportèrent plus effrayés que jamais sur cet homme singulier, qui la préoccupait si vivement.

Cet homme s'inclina comme les autres sur le passage du roi; mais, quoiqu'en saluant, son front conservait une singulière expression de hauteur et presque de menace. Puis, aussitôt que Louis XV eut disparu, se frayant un chemin à travers les groupes, il vint s'arrêter à deux pas de madame Dubarry.

La comtesse, de son côté, attirée par une invincible curiosité, fit un pas. De sorte que l'inconnu, en s'inclinant, put lui dire tout bas et sans que personne autre l'entendît :

— Me reconnaissez-vous, madame?

— Oui, monsieur, vous êtes mon prophète de la place Louis XV.

L'étranger leva alors sur elle son regard limpide et assuré.

— Eh bien! vous ai-je menti, madame, lorsque je vous prédis que vous seriez reine de France?

— Non, monsieur, votre prédiction est accomplie, ou presque accomplie du moins. Aussi, me voici prête à tenir de mon côté mon engagement. Parlez, monsieur, que désirez-vous?

— Le lieu serait mal choisi, madame, et d'ailleurs, le temps de vous faire ma demande n'est pas venu.

— A quelque moment que vienne cette

demande, elle me trouvera prête à l'accomplir.

— Pourrai-je en tout temps, en tout lieu, à toute heure, pénétrer jusqu'à vous, madame?

— Je vous le promets.

— Merci.

— Mais sous quel nom vous présenterez-vous est-ce sous celui du comte de Fenix?

— Non, ce sera sous celui de Joseph Balsamo.

Joseph Balsamo..., répéta la comtesse,

tandis que le mystérieux étranger se perdait au milieu des groupes. Joseph Balsamo! c'est bien ! je ne l'oublierai pas.

VII

Compiègne.

Le lendemain, Compiègne se réveilla ivre et transporté, ou, pour mieux dire, Compiègne ne se coucha point.

Dès la veille, l'avant-garde de la maison du roi avait disposé ses logements dans la ville et tandis que les officiers prenaient connaissance des lieux, les notables, de concert avec l'intendant des menus, préparaient la ville au grand honneur qu'elle allait recevoir.

Des arcs de triomphe en verdure, des massifs de roses et de lilas, des inscriptions latines, françaises et allemandes, vers et prose, occupèrent l'édilité picarde jusqu'au jour.

Des jeunes filles vêtues de blanc, selon l'usage immémorial, les échevins vêtus de noir, les cordeliers vêtus de gris, le clergé paré de ses habits les plus riches, les soldats et les officiers de la garnison sous leurs uniformes neufs, furent placés à leurs postes, tous se tenant prêts à marcher aussitôt qu'on signalerait l'arrivée de la princesse.

Le Dauphin, parti de la veille, était arrivé incognito vers les onze heures du soir avec ses deux frères. Il monta de grand matin à cheval, sans autre distinction que s'il eût été un simple particulier; et, suivi de M. le comte de Provence et de M. le comte d'Artois, âgés, l'un de quinze ans, l'autre de treize, il se mit à galoper dans la direction de Ribecourt, suivant la route par laquelle madame la Dauphine devait venir.

Ce n'était point au jeune prince, il faut le dire, que cette idée galante était venue; c'était à son gouverneur, M. de Lavauguyon, qui, mandé la veille par le roi, avait reçu de Louis XV l'injonction d'instruire son auguste élève de tous les devoirs que lui imposaient les vingt-quatre heures qui allaient s'écouler.

M. de Lavauguyon avait donc jugé à propos, pour soutenir en tout point l'honneur de la monarchie, de faire suivre au duc de Berry l'exemple traditionnel des rois de sa race, Henri IV, Louis XIII, Louis XIV et Louis XV, lesquelles avaient voulu analyser par eux-mêmes, sans l'illusion de la parure, leur future épouse, moins préparée sur le grand chemin à soutenir l'examen d'un époux.

Emportés sur de rapides coureurs, ils firent trois ou quatre lieues en une demi-heure. Le Dauphin était parti sérieux et ses deux frère riants. A huit heures et demie, ils étaient de retour en ville. Le Dauphin, sérieux comme lorsqu'il était parti, M. de Provence, presque maussade, M. le comte d'Artois seul plus gai qu'il n'était le matin.

C'est que M. le duc de Berry était inquiet, que le comte de Provence était envieux, que le comte d'Artois était enchanté d'une seule et même chose : c'était de trouver la Dauphine si belle.

Le caractère grave, jaloux et insoucieux

des trois princes était épandu sur la figure de chacun d'eux.

Dix heures sonnaient à l'Hôtel de ville de Compiègne, quand le guetteur vit arborer sur le clocher du village de Claives le drapeau blanc qu'on devait déployer lorsque la Dauphine serait en vue.

Il sonna aussitôt la cloche d'avis, signal auquel répondit un coup de canon tiré de la place du Château.

Au même instant, comme s'il n'eût attendu que cet avis, le roi entra en carrosse à huit chevaux à Compiègne, avec la double haie de sa maison militaire, suivi par la foule immense des voitures de sa cour.

Les gendarmes et les dragons ouvraient au galop cette foule partagée entre le désir de voir le roi et celui d'aller au devant de la Dauphine, car il y avait l'éclat d'un côté et l'intérêt de l'autre.

Cent carrosses à quatre chevaux tenant presque l'espace d'une lieue, roulaient quatre cents femmes et autant de seigneurs de la plus haute noblesse de France. Ces cent carrosses étaient escortés de piqueurs, de heyduques, de coureurs et de pages. Les gentilshommes de la maison du roi étaient à cheval et formaient une armée étincelante qui brillait au milieu de la poussière soulevée par les pieds des chevaux, comme un flot de velours, d'or, de plumes et de soie.

On fit une halte d'un instant à Compiègne, puis on sortit de la ville au pas pour s'avancer jusqu'à la limite convenue, qui était une croix placée sur la route, à la hauteur du village de Magny.

Toute la jeunesse de France entourait le Dauphin; toute la vieille noblesse était près du roi.

De son côté, la Dauphine, qui n'avait pas changé de carrosse, s'avança d'un pas calculé vers la limite convenue.

Les deux troupes se joignirent enfin.

Tous les carrosses furent aussitôt vides. Des deux côtés, la foule des courtisans descendit ; deux seuls carrosses étaient encore pleins : l'un, celui du roi, et l'autre celui de la Dauphine.

La portière du carrosse de la Dauphine s'ouvrit, et la jeune archiduchesse sauta légèrement à terre.

La princesse alors s'avança vers la portière du carrosse royal.

Louis XV, en apercevant sa bru, fit ouvrir la portière de son carrosse et descendit à son tour avec empressement.

Madame la Dauphine avait si heureusement calculé sa marche, qu'au moment où le roi posait le pied à terre elle se jetait à ses genoux.

Le roi se baissa, releva la jeune princesse et l'embrassa tendrement, tout en la couvrant d'un regard sous lequel, malgré elle, elle se sentit rougir.

— Monsieur le Dauphin! dit le roi en montrant à Marie-Antoinette le duc de Berry qui se tenait derrière elle sans qu'elle l'eût encore aperçu, du moins officiellement.

La Dauphine fit une révérence gracieuse

que lui rendit le Dauphin en rougissant à son tour.

Puis après le Dauphin vinrent ses deux frères, après les deux frères, les trois filles du roi.

Madame la Dauphine trouva un mot gracieux pour chacun des deux princes. pour chacune des trois princesses.

A mesure que s'avançaient ces présentations, en attendant avec anxiété, madame Dubarry était debout derrière les princesses. Serait-il question d'elle? serait-elle oubliée?

Après la présentation de madame Sophie, la dernière des filles du roi, il y eut une pause d'un instant pendant laquelle toutes les respirations étaient haletantes.

Le roi semblait hésiter, la Dauphine semblait attendre quelque incident nouveau, dont d'avance elle eût été prévenue.

Le roi jeta les yeux autour de lui, et voyant la comtesse à sa portée, il lui prit la main.

Tout le monde s'écarta aussitôt. Le roi se trouva au milieu d'un cercle avec la Dauphine.

— Madame la comtesse Dubarry, dit-il, ma meilleure amie.

La Dauphine pâlit, mais le plus gracieux sourire se dessina sur ses lèvres blémissantes.

— Votre Majesté est bien heureuse, dit-elle, d'avoir une amie si charmante, et je ne suis pas surprise de l'attachement qu'elle peut inspirer.

Tout le monde se regardait avec un étonnement qui tenait de la stupéfaction. Il était évident que la Dauphine suivait les instructions de la cour d'Autriche, et répétait probablement les propres paroles dictées par Marie-Thérèse.

Aussi M. de Choiseul crut-il que sa

présence était nécessaire. Il s'avança pour être présenté à son tour; mais le roi fit un signe de tête, les tambours battirent, les trompettes sonnèrent, le canon tonna.

Le roi prit la main de la jeune princesse pour la conduire à son carrosse. Elle passa, conduite ainsi, devant M. de Choiseul. Le vit-elle ou ne le vit-elle point, c'est ce qu'il est impossible de dire; mais, ce qu'il y eut de certain, c'est qu'elle ne fit ni de la main, ni de la tête, aucun signe qui ressemblât à un salut.

Au moment où la princesse entra dans le carrosse du roi, les cloches de la ville se firent entendre au-dessus de tout ce bruit solennel.

Madame Dubarry remonta radieuse dans son carrosse.

Il y eut alors une halte d'une dixaine de minutes pendant laquelle le roi remonta dans son carrosse, et lui fit reprendre le chemin de Compiègne.

Pendant ce temps, toutes les voix, comprimées par le respect ou l'émotion, éclatèrent en un bourdonnement général.

Dubarry s'approcha de la portière du carrosse de sa sœur; celle-ci le reçut le visage souriant : elle attendait toutes ses félicitations.

— Savez-vous, Jeanne, lui dit-il, en lui montrant du doigt un cavalier qui causait à l'un des carrosses de la suite de madame la Dauphine, savez-vous quel est ce jeune homme ?

— Non, dit la comtesse ; mais, vous-même, savez-vous ce que la Dauphine a répondu quand le roi m'a présentée à elle ?

— Il ne s'agit pas de cela. Ce jeune homme est M. Philippe de Taverney.

— Celui qui vous a donné le coup d'épée?

— Justement. Et savez-vous quelle est cette admirable créature avec laquelle il cause?

— Cette jeune fille si pâle et si majestueuse?

— Oui, que le roi regarde en ce moment, et dont, selon toute probabilité, il demande le nom à madame la Dauphine.

— Eh bien?

— Eh bien! c'est sa sœur.

— Ah! fit madame Dubarry.

— Écoutez, Jeanne, je ne sais pourquoi, mais il me semble que vous devez autant vous défier de la sœur que moi du frère.

— Vous êtes fou.

— Je suis sage. En tout cas, j'aurai soin du petit garçon.

— Et moi j'aurai l'œil sur la petite fille.

— Chut! dit Jean, voici notre ami le duc de Richelieu.

En effet, le duc s'approchait en secouant la tête.

— Qu'avez-vous donc, mon cher duc ? demanda la comtesse avec son plus charmant sourire ; on dirait que vous êtes mécontent.

— Comtesse, dit le duc, ne vous semble-t-il pas que nous sommes tous bien graves, et je dirais presque bien tristes, pour la circonstance si joyeuse dans laquelle nous nous trouvons? Autrefois, je me le rappelle, nous allâmes au devant d'une princesse aimable comme celle-ci, belle comme celle-ci; c'était la mère de monseigneur le Dauphin; nous étions tous plus gais. Est-ce parce que nous étions plus jeunes?

— Non, dit une voix derrière le duc, mon cher maréchal, c'est que la royauté était moins vieille.

Tous ceux qui entendirent ce mot éprouvèrent comme un frissonnement. Le duc se retourna et vit un vieux gentilhomme au maintien élégant, qui lui posait, avec un sourire misanthropique, une main sur l'épaule.

— Dieu me damne! s'écria le duc, c'est le baron de Taverney; comtesse, ajouta-t-il, un de mes plus vieux amis pour lequel je vous demande toute votre bienveillance; le baron de Taverney-Maison-Rouge.

— C'est le père ! dirent à la fois Jean et la comtesse en se baissant tous deux pour saluer.

— En voiture, messieurs, en voiture, cria en ce moment le major de la maison du roi commandant l'escorte.

Les deux vieux gentilshommes firent un salut à la comtesse et au vicomte, et s'acheminèrent tous deux vers la même voiture, heureux qu'ils étaient de se retrouver après une si longue absence.

— Eh bien ! dit le vicomte, voulez-vous que je vous dise, ma chère, le père ne me revient pas plus que les enfants.

— Quel malheur, dit la comtesse, que ce petit ours de Gilbert se soit sauvé, il nous aurait donné des renseignements sur tout cela, lui qui a été élevé dans la maison.

— Bah! dit Jean, nous le retrouverons, maintenant que nous n'avons plus que cela à faire.

La conversation fut interrompue par le mouvement des voitures.

Le lendemain, après avoir passé la nuit à Compiègne, les deux cours, couchant d'un siècle, aurore de l'autre, s'acheminaient confondues vers Paris, gouffre béant qui devait les dévorer tous.

FIN DU TOME CINQUIÈME ET DE LA PREMIÈRE PARTIE.

TABLE DES MATIÈRES.

I. Le Roi s'amuse	1
II. Voltaire et Rousseau	33
III. Marraine et filleule	73
IV. La cinquième conspiration du maréchal de Richelieu	127
V. Ni coiffeur, ni robe, ni carrosse	169
VI. La Présentation	225
VII. Compiègne	279

www.ingramcontent.com/pod-product-compliance
Lightning Source LLC
Chambersburg PA
CBHW071522160426
43196CB00010B/1621